최신 게임 제작 파이프라인에 따른
3ds Max와 Substance Painter 활용까지

ZBrush 게임 캐릭터 디자인

최신 게임 제작 파이프라인에 따른 3ds Max와
Substance Painter 활용까지

ZBrush 게임 캐릭터 디자인

초판 1쇄 2018년 8월 21일

지은이 김현
발행인 최홍석

발행처 (주)프리렉
출판신고 2000년 3월 7일   제 13-634호
주소 경기도 부천시 원미구 길주로 77번길 19 세진프라자 201호
전화 032-326-7282(代)   **팩스** 032-326-5866
URL www.freelec.co.kr

편집 강신원 하나래
디자인 이대범 김혜정

ISBN 978-89-6540-221-3

#열혈강의
알기쉽게
풀어놓은
비법강의

ZBrush
게임 캐릭터 디자인

최신 게임 제작
파이프라인에 따른
3ds Max와
Substance Painter
활용까지

김현 지음

프리렉

머리말

게임 그래픽 기술은 최근 몇 년간 놀라운 속도로 발전했습니다. 그 바탕에는 게임 속 세계를 현실처럼 구현하기 위해 연구를 거듭한 엔지니어들의 노력이 있었습니다. 3ds Max, Maya, 포토샵 등을 대체할 수 있는 툴이 개발됨에 따라 아티스트들이 쉽고 빠르게 게임 그래픽을 구현하고 질 좋은 결과물을 만들 수 있게 되었습니다. 아티스트들은 새로운 툴을 익히고, 다양한 게임 그래픽 개발 툴 중에서 자신에게 맞는 툴을 선별해야 합니다. 게다가 이제는 게임 엔진에 리소스를 적용하는 것까지 아티스트의 영역이 되었습니다.

해외 유명 개발사들이 먼저 기존의 툴과 파이프라인을 바꾸어서 개발하였고, 우리나라에서도 점차 기존의 툴과 파이프라인이 바뀌고 있습니다. 이러한 변화의 중심에 ZBrush가 있습니다. ZBrush는 짧은 기간에 많은 변화를 거쳤습니다. 기존의 게임 그래픽 개발 툴을 대체할 수 있는 주요 툴이 되었습니다. ZBrush는 이제 3D 그래픽 아트는 물론 컨셉 아트에서도 많이 활용되고 있습니다.

이 책에서는 급변하는 게임 제작 환경에서 떠오르는 프로그램인 ZBrush를 소개합니다. ZBrush의 기능과 그 활용법을 설명하며, 나아가 Substance Painter와 게임 엔진으로 구현해 보면서 새로운 파이프라인에 관한 전반적인 내용을 살펴봅니다. 이 책이 후배 그래픽 아티스트분들께 도움이 되기를 바랍니다.

김현

이 책의 구성

이 책은 ZBrush에 입문하는 초보 3D 게임 아티스트를 대상으로 하며, ZBrush 4R8을 기준으로 내용을 구성하였습니다. ZBrush에는 다양한 기능이 있지만, 게임 제작에 주로 사용되는 기능 위주로 설명하였습니다. 예제를 따라 하며 ZBrush를 익혀 보시기 바랍니다. 게임을 실제 구현해 보는 단계에서는 Substance Painter와 게임 엔진의 기본 사용법만 설명하고 있지만, 예제를 따라 하면 각 툴의 기본적인 특성을 충분히 익힐 수 있습니다.

이 책에서는 독자들이 3ds Max를 다룰 수 있음을 전제로 설명하고 있으므로, 3ds Max 프로그램의 기초 지식이 필요하신 분은 필자의 저서 《3ds Max 게임 캐릭터 디자인》을 참고하시기 바랍니다.

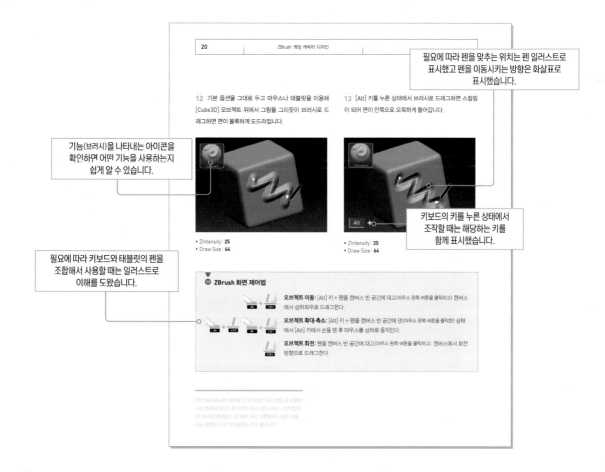

ZBrush 프로그램에서 태블릿을 사용하는 방법

ZBrush 프로그램으로 작업할 때는 마우스보다 태블릿을 작업 도구로 사용하기를 권장합니다. 태블릿에 포함된 펜은 입력 감지가 가능해서 섬세하게 조형할 수 있기 때문입니다. 독자 중에는 태블릿을 처음 접하는 사람도 있을 것입니다. 지금부터 마우스와 태블릿을 사용할 때의 차이점을 비교하면서 태블릿을 사용하는 방법도 함께 살펴보겠습니다. 이 책에서는 ZBrush를 사용할 때는 태블릿을 기준으로, 다른 프로그램에서는 마우스를 기준으로 설명하므로 차이점을 알아 두는 것이 좋습니다.

마우스

그림은 마우스의 왼쪽 클릭을 표현한 이미지입니다. ZBrush에서 '클릭'이라고 하면 모두 '왼쪽 클릭'을 의미합니다.

태블릿

다음 그림은 태블릿을 표현한 이미지입니다. 펜을 태블릿(입력판)에 대면 '클릭' 상태가 됩니다.

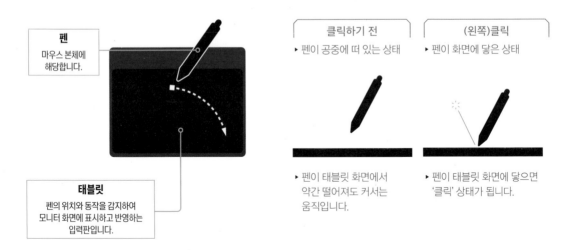

마우스와 태블릿의 차이

펜을 태블릿에 대지 않고 움직인다. → 브러시의 마크인 빨간색 원이 이동한다.

마우스

마우스를 클릭하지 않고 움직이면 브러시의 마크인 빨간색 원이 3D 모델에 닿지 않고 이동합니다.

태블릿

펜을 태블릿에 대지 않고 움직이면 브러시의 마크인 빨간색 원이 3D 모델에 닿지 않고 이동합니다. 다만, 태블릿과 거리가 너무 멀어지면 반응하지 않습니다.

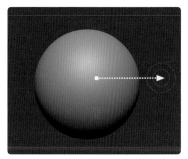

▶ 브러시의 마크 등 커서가 움직입니다. 3D 모델과 캔버스에는 영향이 없습니다.

드래그 조작의 차이, 펜을 태블릿에 댄 채 움직인다.

마우스

▶ 왼쪽 버튼을 클릭한 상태로 마우스를 움직일 때 '드래그'라고 합니다. 3D 모델 위에서 움직이면 오브젝트에 영향을 줍니다.

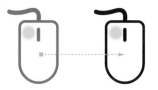

태블릿

▶ 펜을 태블릿에 댄 채로 움직입니다. 3D 모델 위에서 움직이면 오브젝트에 영향을 줍니다.

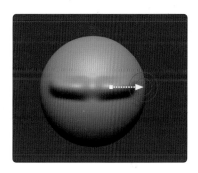

클릭 조작의 차이, 버튼을 누를 때 등

마우스 클릭

마우스의 왼쪽 버튼을 눌렀다가 바로 떼는 동작입니다.

태블릿 클릭

펜을 태블릿에 살짝 댔다가 바로 떼는 동작입니다.

이 책에서는 다음과 같은 형태로 '클릭'을 표현합니다.

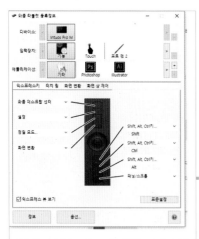

태블릿 설정

일반적으로 ZBrush는 태블릿으로 작업합니다. 이번에는 태블릿을 설정하는 방법에 대해 알아보겠습니다. 참고로 와콤사에서는 타블렛이라고 표기하지만, 태블릿이 외래어 표기법에 맞으므로 이 책에서는 메뉴 명칭을 제외하고는 태블릿으로 표기합니다.

> ※ Intuos Pro를 기준으로 설명하지만, 다른 태블릿과 공통 항목이 있으므로 Intuos Pro가 아닌 다른 태블릿을 사용하는 독자도 참고하면 됩니다.

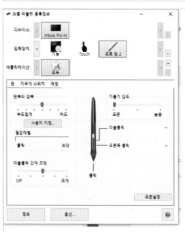

1 기능

태블릿의 버튼을 자주 사용하는 키로 설정합니다. 처음에는 초기 설정 그대로 사용해도 좋습니다.

2 펜

펜의 필압이나 펜의 버튼을 설정할 수 있습니다.

필압이 약한 사람은 [펜촉의 감촉]을 '**부드럽게**'로 설정하면 힘을 적게 주어도 강하게 그릴 수 있습니다. '**하드**'로 설정하면 힘을 강하게 주어야 또렷하게 그릴 수 있습니다.

3 매핑

중요한 설정입니다. 모니터 영역과 태블릿 영역을 매칭시키는 곳입니다. [표시 에리어]와 [타블렛 조작영역] 부분을 조정해서 매칭시킵니다.

사용하는 태블릿의 드라이버 버전이나 PC에 따라 설정 화면이 다를 수 있습니다.

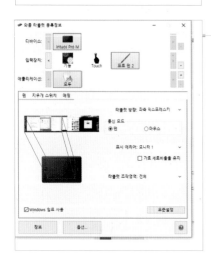

Windows에서 설정 화면을 표시하는 방법
[시작] 버튼에서 오른쪽 버튼을 클릭해서 [제어판] → [하드웨어 및 소리] → [와콤 타블렛 등록정보]에서 속성창을 열 수 있습니다. 개인 설정에 따라 제어판에서 곧바로 와콤 타블렛 속성창이 표시되는 경우도 있습니다.

Mac에서 설정 화면을 표시하는 방법
[시스템 기능 확장]을 열어 아래쪽에 표시되는 [와콤 타블렛]을 클릭합니다.

차례

머리말 4

이 책의 구성 5

ZBrush 프로그램에서 태블릿을 사용하는 방법 6

태블릿 설정 8

chapter_01 **ZBrush 프로그램** 12

ZBrush를 배워야 하는 이유 14

Sectioin 01 **ZBrush 프로그램의 기초** 15

1.1 기본 사용 방법 15

1.2 마스크 적용하기 22

1.3 오브젝트 숨김 24

1.4 알파맵 스컬핑 26

1.5 GoZ 플러그인 29

1.6 다양한 브러시 31

Sectioin 02 **ZBrush 프로그램의 주요 기능** 34

2.1 IMM 브러시 34

2.2 DynaMesh 기능 42

2.3 MicroMesh 기능 50

2.4 ZSphere 기능 58

2.5 ZRemesher 기능 64

2.6 FiberMesh 기능 70

2.7 UV Master 기능 85

2.8 PolyPaint 기능 91

2.9 Spotlight 기능 95

2.10 노멀맵과 AO맵 102

chapter_02   **인게임 캐릭터 제작**   106

     파이프라인의 변화   108

Sectioin 01   **하이 폴리곤 데이터**   110

    1.1   IMM BParts 브러시와 DynaMesh를 이용하여 기본 형태 잡기   110
    1.2   인체 근육 이해하기   118
    1.3   인체 스컬핑   136
    1.4   머리카락 스컬핑   148

Sectioin 02   **로우 폴리곤 데이터**   159

    2.1   ZRemesher 기능   159
    2.2   Unwrap UVW(3ds Max)   163

Sectioin 03   **텍스처링**   176

    3.1   Project 기능   176
    3.2   디퓨즈맵   180
    3.3   기타 맵소스 제작   187

chapter_03   **방어구 및 무기 제작**   192

Sectioin 01   **방어구**   194

    1.1   방어구 제작   194
    1.2   텍스처 제작(Substance Painter)   214

Sectioin 02   **무기**   225

    2.1   더미 데이터 제작하기   225
    2.2   하이 폴리곤 데이터 제작하기   233
    2.3   로우 폴리곤 데이터 제작하기   238
    2.4   UV 작업   239
    2.5   텍스처 제작(Substance Painter)   247

chapter_04   **캐릭터를 게임 엔진으로 출력**   254

Sectioin 01   마모셋 툴백   256

Sectioin 02   언리얼 엔진   267

Sectioin 03   유니티 엔진   275

이 책을 마치며……   282

ZBrush에서 자주 사용하는 단축키와 키 조작   283

커뮤니티 소개   284

찾아보기   285

ZBrush 프로그램

ZBrush 프로그램은 Pixologic사의 대표적인 프로그램 으로 점토로 형태를 빚듯이 작업하는 디지털 스컬핑 프로그 램입니다. 가상의 점토로 형태를 빚고, 텍스처링하고, 페인 팅할 수 있는 브러시 기반의 프로그램이며, 전 세계의 영화 스튜디오 종사자와 게임 개발자, 아티스트가 사용하고 있습 니다.

기존 게임 제작 파이프라인에서 ZBrush 프로그램은 노멀 맵 추출을 위한 과정이었으나 점점 고사양, 고품질의 캐릭터 제작 프로그램이 사용되는 게임 시장에서 새로운 파이프라인 들이 생겨났고, ZBrush 프로그램은 이제 게임 제작 분야에서 주요 툴로 자리 잡게 되었습니다.

이번 챕터에서는 ZBrush 프로그램을 사용하는 방법과 기 능에 대해 알아보겠습니다. 메뉴 설명과 더불어 예제를 통해 실제 실무에서 사용하는 기능 위주로 살펴보겠습니다.

ZBrush를 배워야 하는 이유

Section 01

ZBrush 프로그램의 기초

Section 02

ZBrush 프로그램의 주요 기능

Chapter 01

ZBrush를 배워야 하는 이유

게임 그래픽 퀄리티를 결정하는 기본 요소는 폴리곤 수입니다. 게임 그래픽은 일반적으로 폴리곤을 많이 사용할수록 오브젝트의 표현이 세밀해집니다. 그러나 폴리곤을 많이 사용하면 오브젝트를 계산하는 시간이 늘어난다는 단점이 있습니다.

노멀맵은 이런 하이 폴리곤의 단점을 해결하기 위해 만들어진 기술입니다. '노멀맵'(Normal Map)이란 '노멀 범프 맵'(Normal Bump Map)의 약자로, 적은 수의 폴리곤으로도 높은 퀄리티의 모델링을 가능하게 만들어 주는 그래픽 기술을 말합니다. 노멀맵을 적용하려면 우선 하이 폴리곤에서 노멀 정보를 추출한 다음, 이 노멀 정보를 '로우 폴리곤' 모델링에 적용하는 방식으로 진행합니다. 노멀맵을 사용하면 이렇게 인게임에 쓰일 로우 폴리곤 작업 이외에 추가로 하이 폴리곤 작업을 진행하기 때문에 게임 디자이너의 일거리가 늘어납니다. 이렇게 노멀맵을 적용한 모델링은 적은 수의 폴리곤으로도 하이 폴리곤과 비슷한 수준의 퀄리티를 보여 줍니다. 따라서 노멀맵을 제작하려면 하이 폴리곤 제작도 능숙하게 할 수 있어야 합니다.

이러한 하이 폴리곤 제작 및 노멀맵 제작 툴은 여러 가지가 있는데 현재 가장 많이 쓰이는 프로그램이 ZBrush입니다. 즉, 이제는 포토샵, 3ds Max처럼 ZBrush가 게임 디자이너가 사용할 기본 프로그램이 되어 버렸습니다.

▶ **출처:** http://pixologic.com

SECTION
01
ZBrush 프로그램의 기초

이번 섹션에서는 ZBrush 프로그램 기본 사용법에 대해 알아보겠습니다. UV, 마스킹, 알파맵, GoZ 그리고 다양한 브러시에 대해 알아보겠습니다. 처음 접하는 개념들이 몇 가지 있습니다만 어렵지 않게 이해할 수 있을 것입니다.

1.1 기본 사용 방법

ZBrush는 브러시 기반의 스컬핑 툴입니다. 이번 절에서는 간단한 오브젝트를 캔버스에 띄워 스컬핑을 해 보겠습니다. **오브젝트**란 형태가 있는 3D 모델을 의미합니다. **스컬핑**이란 ZBrush에서 붓으로 그림을 그리듯이 모델링하는 방법을 말합니다.

1 ZBrush 4R8 프로그램을 실행하면 다음과 같은 화면이 나타납니다. 맨 앞에 뜬 팝업창을 클릭하면 ZBrush 관련 사이트가 뜹니다. 팝업창에서 오른쪽 위 [X] 버튼을 클릭해서 닫습니다.

2 밑에 있던 가려진 패널이 보이게 됩니다. 이 패널의 이름이 [LightBox]입니다. 여기에는 ZBrush 프로그램이 제공하는 기본 데이터가 들어 있습니다. 왼쪽 위 [LightBox] 버튼을 클릭해서 닫아 줍니다. (단축키 [<])

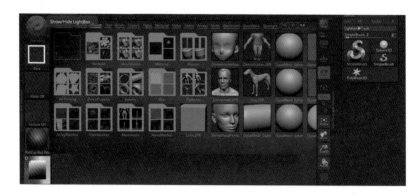

3 화면 오른쪽 [Tool] 패널에서 [SimpleBrush] 버튼(⑤)을 클릭합니다. [Quick Pick] 창이 열리면 [Cube3D] 오브젝트를 선택합니다.

4 선택한 오브젝트를 캔버스 중앙 화면으로 드래그하면 [Cube3D] 오브젝트가 만들어집니다.

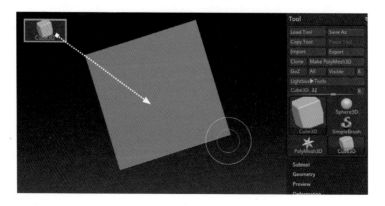

5 화면 왼쪽 위에서 [Edit] 버튼(⊞)을 클릭해서 3D 모드로 전환합니다. (단축키 [T]) 캔버스의 빈 공간에서 펜을 클릭해서 돌려 보면 3D 모드로 전환된 것을 확인할 수 있습니다.

단축키 [F]를 누르면 해당 오브젝트가 캔버스 화면 정중앙에 위치합니다.

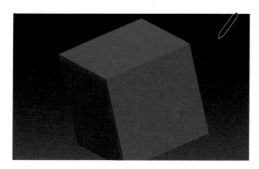

6 화면 왼쪽 셀프에서 [Brush] 버튼(◉)을 클릭하면 다양한 브러시를 볼 수 있습니다. **스컬핑**을 할 때는 보통 Standard 브러시 또는 Clay 브러시를 이용합니다.

7 화면 왼쪽 셀프에서 [Stroke] 버튼(⁝⁝⁝)을 클릭하면 그리는 방법을 정할 수 있습니다. 보통은 [Dots] 기능을 이용합니다. 이 기능을 사용하면 연속적인 점으로 선이 그려집니다.

Dots

[Stroke] 기능의 기본 설정이며 브러시를 빠르게 움직이면 점의 형태가 도드라져 보입니다.

DragRect

보통 Alpha 이미지와 같이 사용하며, 클릭하고 드래그하여 알파 이미지를 스컬핑할 수 있습니다.

FreeHand

[Dots]보다 약간 더 부드러운 느낌의 스컬핑이 가능합니다.

Color Spray

보통 RGB를 활성화하고 사용하며, 스컬핑할 때 다양한 컬러로 함께 칠해지며 스컬핑됩니다.

Spray

스프레이처럼 뿌리듯이 스컬핑됩니다.

DragDot

보통 Alpha 이미지와 같이 사용하며, 점을 찍듯이 스컬핑됩니다.

8 화면 왼쪽 셸프에서 갈색 구인 [Material] 버튼()을 클릭하여 오브젝트의 재질을 결정해 줍니다. 보통 [MatCap Gray] 재질을 선택해 사용합니다.

9 화면 위쪽 셸프 가운데에 브러시에 대한 세부 설정을 지정할 수 있습니다.

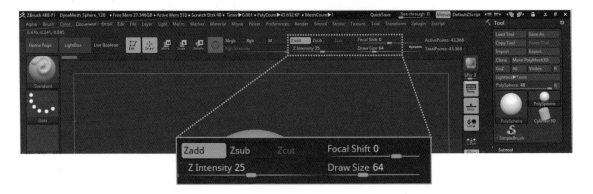

▸ Zadd: 스컬핑하면 면이 튀어나옵니다.

▸ Z Intensity: 스컬핑 강도를 말합니다. 값을 조정하면 오브젝트에 주는 영향이 커지거나 약해집니다.

▸ Focal Shift: 브러시 간격을 말합니다. 볼록한 정도를 완만하게 할지 가파르게 할지 설정할 수 있습니다.

▸ Draw Size: 브러시의 크기를 말합니다. 값이 커지면 브러시의 크기도 커지고 넓은 부위를 볼록하게 만들 수 있습니다.

10 [SimpleBrush] 버튼(⑤)에서 지원하는 기본 오브젝트는 [Tool] 패널에서 [Make PolyMesh3D] 버튼을 클릭하여 스컬핑할 수 있는 상태로 만듭니다. 이는 3ds Max 프로그램에서 모델링을 하기 위해 [Edit Poly]로 바꾸는 것과 비슷합니다. 하지만 3ds Max 등 다른 프로그램에서 가져온 데이터는 [Make PolyMesh3D] 버튼을 누르면 안 됩니다.

[Smt] 버튼을 클릭해서 비활성화한 후 [Divide] 버튼을 클릭하면 외곽선을 유지하면서 폴리곤 수가 늘어납니다.

11 화면 오른쪽 [Tool] 패널에서 [Geometry] 버튼을 클릭하면 [Geometry] 패널이 열립니다. 이 패널에서 [Divide] 버튼을 클릭합니다. [Divide] 버튼을 클릭할 때마다 [SDiv] 값이 올라가고 이에 따라 폴리곤 수가 늘어납니다. [SDiv] 값이 클수록 각지지 않고 부드럽게 스컬핑이 됩니다. [Divide] 버튼을 사용해서 올릴 수 있는 값은 컴퓨터의 성능에 따라 다릅니다.

12 기본 옵션을 그대로 두고 마우스나 태블릿을 이용해 [Cube3D] 오브젝트 위에서 그림을 그리듯이 브러시로 드래그하면 면이 볼록하게 도드라집니다.

13 [Alt] 키를 누른 상태에서 브러시로 드래그하면 스컬핑이 되어 면이 안쪽으로 오목하게 들어갑니다.

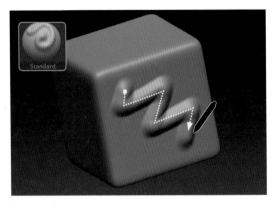

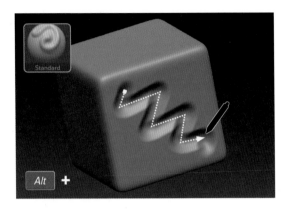

▸ ZIntensity: **25**
▸ Draw Size: **64**

▸ ZIntensity: **25**
▸ Draw Size: **64**

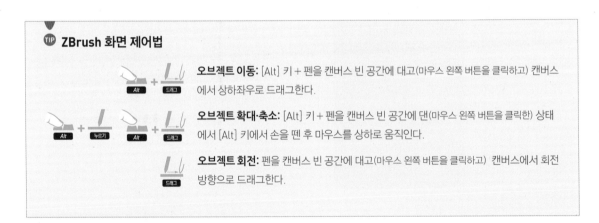

TIP ZBrush 화면 제어법

오브젝트 이동: [Alt] 키 + 펜을 캔버스 빈 공간에 대고(마우스 왼쪽 버튼을 클릭하고) 캔버스에서 상하좌우로 드래그한다.

오브젝트 확대·축소: [Alt] 키 + 펜을 캔버스 빈 공간에 댄(마우스 왼쪽 버튼을 클릭한) 상태에서 [Alt] 키에서 손을 뗀 후 마우스를 상하로 움직인다.

오브젝트 회전: 펜을 캔버스 빈 공간에 대고(마우스 왼쪽 버튼을 클릭하고) 캔버스에서 회전 방향으로 드래그한다.

만약 3ds Max만 사용해 본 독자라면 [Alt] 버튼을 이용한 시점 변화와 줌 인, 줌 아웃이 조금 생소하게 느껴지겠지만, 이러한 방법은 다른 여러 프로그램에서도 많이 사용하는 방법이므로 익숙해지는 것이 좋습니다.

🔔 ZBrush 화면 용어

브러시(Draw Size)

ZBrush의 붓 크기를 나타내는 원입니다. 그림 붓과 비슷합니다. 크기가 크면 두꺼운 선을 그릴 수 있고 작으면 세필처럼 가는 선을 그릴 수 있습니다.

캔버스(Canvas)

오브젝트(또는 3D 모델)를 다루는 작업 공간입니다. 캔버스에서 오브젝트를 만들거나 여러 오브젝트를 배치합니다.

그리드(Grid)

옅은 회색 모눈종이 모양의 바닥면입니다. 중심축은 빨간색(가로, X축)과 초록색(세로, Y축), 파란색(앞뒤, Z축) 선이 있습니다. 2D(XY 평면)에 Z축이 추가되어 깊이감이 있는 3D 공간이 만들어집니다.

브러시

캔버스

그리드

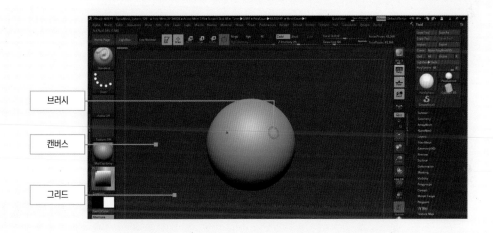

 http://pixologic.com/

ZBrush 제작사 홈페이지입니다. 유용한 정보들이 있으니 꼭 한 번 들러 보시기 바랍니다.

1.2 마스크 적용하기

이번 절에서는 마스크에 대해 설명하겠습니다. ZBrush에서 마스크는 오브젝트의 일정한 부분이 스 컬핑되거나 채색되지 않도록 보호하는 기능으로 [Ctrl] 키를 누른 상태에서 드래그하거나 태블릿으 로 칠해서 영역을 정해 주면 됩니다.

1 [Ctrl] 키를 누른 상태에서 마스크할 영역을 태블릿으로 드래그합니다. 그러면 회색으로 바뀝니 다. 이 영역은 브러시의 영향을 받지 않아 스컬핑이 되지 않습니다.

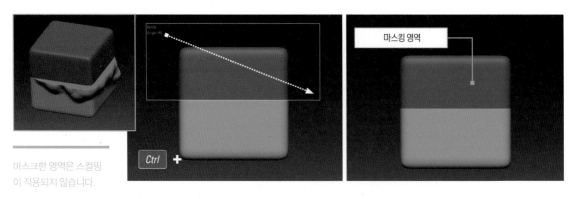

마스크한 영역은 스컬핑 이 적용되지 않습니다.

2 [Ctrl] 키를 누른 상태에서 캔버스의 빈 공간을 클릭하면 마스킹한 영역이 반전됩니다.

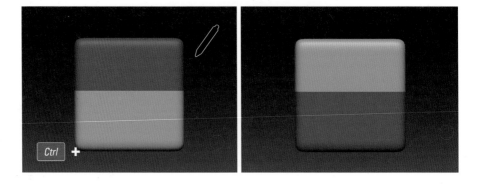

3 적용한 마스크를 해제하려면 다시 한번 [Ctrl] 키를 누른 상태에서 캔버스의 빈 공간을 드래그하 면 됩니다. 회색 영역이 사라졌습니다.

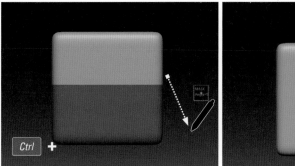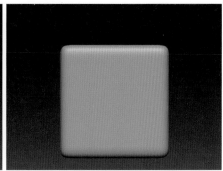

 4 드래그하여 특정 영역에 마스크하듯이 [Ctrl] 키를 누른 상태에서 오브젝트 위에 직접 글을 쓰거나 원하는 문양을 그릴 수도 있습니다. 그러면 회색 글과 문양이 마스크한 영역이 됩니다.

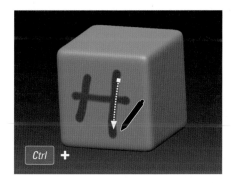

 5 [Ctrl] 키를 누른 상태에서 캔버스의 빈 공간을 클릭하여 마스크한 영역을 반전하면 오브젝트 위에 쓴 글자 부분만 스컬핑할 수 있습니다.

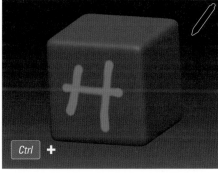

마스크는 실제 작업에서 디테일한 작업을 위해 많이 사용하는 기능이므로 꼭 익히도록 합니다.

6 원하는 작업이 끝나면 [Ctrl] 키를 누른 상태에서 캔버스의 빈 공간을 드래그하여 마스크를 해제합니다. 회색 영역이 사라졌습니다.

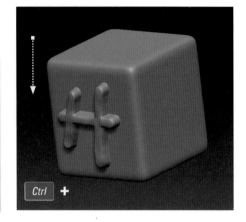

 마스크 지우개
[Ctrl] 키와 [Alt] 키를 동시에 누르면서 브러시하면 마스크한 부분을 지울 수 있습니다.

마스크 경계를 흐릿하게 만드는 방법
우측 트레이에서 [Masking] 메뉴를 선택하면 관련 버튼이 나오고, 여기서 [BlurMask] 버튼을 클릭하면 마스크 경계가 흐릿해집니다.

1.3 오브젝트 숨김

이번 절에서는 [hide] 기능에 대해 설명하겠습니다. ZBrush에서 오브젝트의 일정한 부분을 보이게 또는 보이지 않게 하는 기능으로 [Ctrl] 키 와 [Shift] 키를 동시에 누른 상태에서 드래그하면 됩니다. 특정한 부분만 화면에 보이게 해서 자세히 스컬핑할 때 유용한 기능입니다.

1 [Ctrl] + [Shift] 키를 같이 누른 상태에서 캔버스의 빈 공간을 드래그하면 녹색 영역이 만들어집니다. 키보드에서 손을 떼면 선택 영역을 제외한 부분이 숨김 상태가 됩니다.

마스크 : 선택한 영역을 마스킹합니다.
하이드 : 선택한 영역만 남기고 숨깁니다.

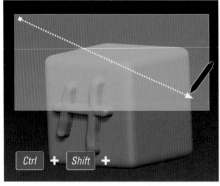
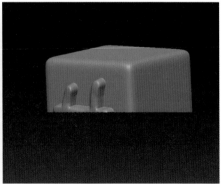

2 [Ctrl] + [Shift] 키를 같이 누른 상태에서 캔버스의 빈 공간을 드래그하면 숨김 영역이 반전됩니다.

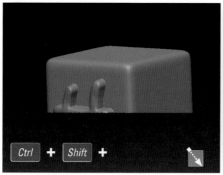 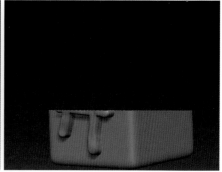

3 [Ctrl] + [Shift] 키를 같이 누른 상태에서 캔버스의 빈 공간을 클릭하면 숨김 영역이 해제됩니다. 숨김은 마스킹과 반전, 해제 방법이 반대라서 헷갈릴 수 있습니다.

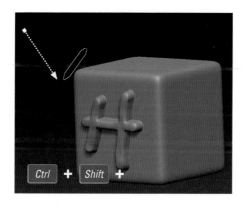

▸ 오브젝트 숨김 기능 역시 실제 작업에서 많이 사용하는 부분입니다. 마스킹과 반전, 해제 방법이 반대로 되어 있어 조금 헷갈릴 수 있습니다. 마스킹과 오브젝트 숨김 기능의 반전, 해제 방법을 왜 서로 다르게 해 놓았는지 이해가 안 가는 부분입니다.

TIP　**https://www.pinterest.co.kr**

많은 자료들과 튜토리얼들을 볼 수 있는 사이트입니다. 가입해서 'ZBrush'라고 검색해 보시기 바랍니다.

TIP 파일 자동 저장

[LightBox] 패널의 [QuickSave] 탭에
서 자동 저장된 파일을 확인할 수 있습
니다.

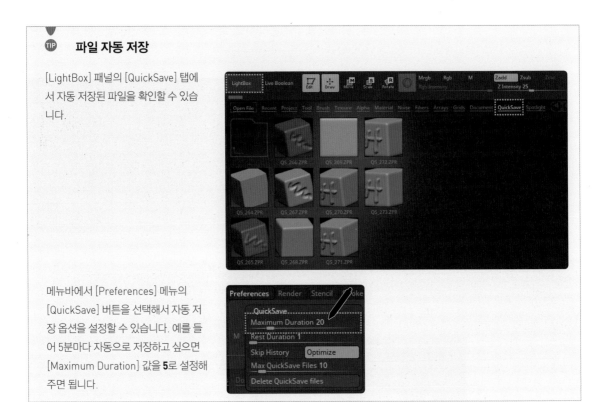

메뉴바에서 [Preferences] 메뉴의
[QuickSave] 버튼을 선택해서 자동 저
장 옵션을 설정할 수 있습니다. 예를 들
어 5분마다 자동으로 저장하고 싶으면
[Maximum Duration] 값을 **5**로 설정해
주면 됩니다.

1.4 알파맵 스컬핑

알파맵 스컬핑이란 검은색과 흰색으로 된 이미지인 알파맵을 이용한 스컬핑 방법으로 기본적으로
흰색은 튀어나오고 검은색은 안쪽으로 파이게 스컬핑이 되는 기능입니다.

1 [Stroke] 패널에서 [Dots]를 [DragRect]로 바꿉니다. [DragRect]는 선택한 알파맵 이미지를 드
래그하여 적용하는 기능입니다.

2 좌측 셸프에 있는 [Alpha Off] 버튼(■)을 클릭하면 기본적으로 지원하는 알파맵을 볼 수 있습니다. 여기서는 화살표 모양인 [Alpha33]을 선택하겠습니다.

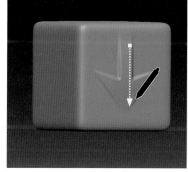

▶ 오브젝트 위를 드래그하면 화살표 모양으로 스컬핑됩니다.

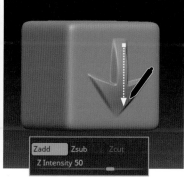

▶ [Z Intensity] 값을 **50**으로 높이고 드래그하면 좀 더 입체적으로 스컬핑할 수 있습니다.

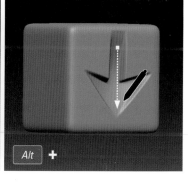

▶ [Alt] 키를 누른 상태에서 드래그하면 안쪽으로 파이면서 스컬핑이 됩니다.

3 기본적으로 지원하는 알파맵 이미지 외에도 왼쪽 아래 [Import] 버튼을 클릭하여 이미지를 불러와서 적용할 수도 있습니다.

▶ 알파맵 스컬핑은 주로 문양이나 디테일한 스컬핑 시 유용하게 사용할 수 있습니다. 사진을 소스로 편집해서 사용하면 실사 느낌의 스컬핑도 가능합니다.

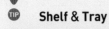

Shelf & Tray

❶ **트레이**에는 자주 사용하는 기능 위주로 들어 있습니다. 각각의 항목(기능의 이름)을 클릭하면 자세한 내용이 표시됩니다.

❷ **왼쪽 셸프**에서 브러시를 선택하고, 원하는 색이나 질감도 선택할 수 있습니다.

❸ **오른쪽 셸프**에서 작업 시점의 확대·축소와 이동, 화면 제어, 그리드 표시 등을 조작할 수 있습니다.

❹ **위쪽 셸프**에 브러시의 크기, 작업 모드 등 자주 바꾸는 설정이 배치되어 있습니다.

1.5 GoZ 플러그인

[GoZ]는 ZBrush 프로그램에서 작업한 데이터를 타 프로그램들과 호환하는 기능입니다. 여기서는 3ds Max 프로그램과 호환하는 방법에 대해 설명하겠습니다.

1 [LightBox]에서 [Dog.ZPR]을 더블클릭해서 화면에 불러옵니다.

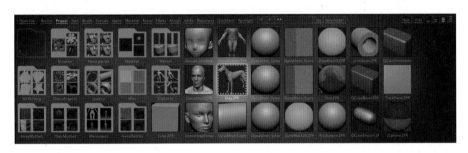

2 화면 오른쪽 트레이의 [Tool] 패널에서 [GoZ] 버튼을 클릭합니다.

3 다음과 같은 경고창이 뜹니다. [Continue] 버튼을 클릭하고 계속 진행합니다.

4 맨 처음에 Cinema 4D 프로그램을 찾는 팝업창이 뜹니다. [Not installed!] 버튼을 클릭해 설치하지 않습니다.

5 다음으로 3D Studio Max 프로그램을 찾습니다. 컴퓨터에 3D Studio Max 프로그램이 설치되어 있으면 그림처럼 3D Studio Max 프로그램의 설치 경로가 나타납니다. 우리는 3D Studio Max 프로그램에 ZBrush를 연결하겠습니다. 이 경로를 클릭해서 선택해 줍니다.

MAYA 유저는 MAYA 선택창에서 MAYA 프로그램이 설치된 경로를 선택하면 됩니다.

6 [Install] 버튼을 클릭해 [GoZ] 플러그인을 설치합니다.

7 [GoZ] 선택창에서 [3D Studio Max] 버튼을 클릭합니다.

그 외 프로그램들은 Cinema 4D 프로그램처럼 [Not installed!] 버튼을 클릭합니다.

8 3ds Max 프로그램이 실행되면서 ZBrush 프로그램의 [Dog] 데이터가 넘어옵니다.

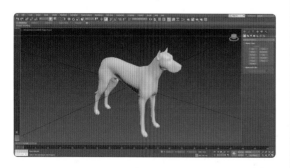

9 3ds Max 프로그램의 데이터도 ZBrush 프로그램으로 보낼 수 있습니다. 3ds Max의 메뉴바에 [GoZ] 메뉴가 생겼습니다. 오브젝트를 선택하고 [GoZ] → [Edit in ZBrush] 버튼을 클릭하면 3ds Max 프로그램에서 작업한 데이터가 ZBrush 프로그램으로 넘어갑니다.

10 이때 3ds Max 프로그램에서 오브젝트를 변형했다면 ZBrush 프로그램의 데이터도 바로 갱신되어 적용됩니다.

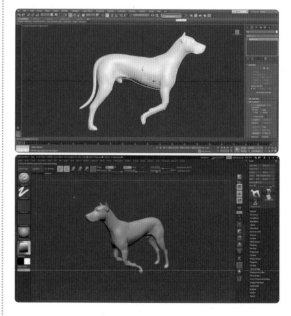

11 [GoZ] 플러그인을 설치한 후에는 [Tool] 패널에서 [GoZ] 버튼을 클릭하면 데이터가 바로 지정한 프로그램으로 호환이 됩니다. 사용하다가 오류가 있거나 다른 프로그램으로 호환할 때에는 메뉴바에서 [Preferences] → [GoZ] → [Clear cache files] 버튼을 클릭해서 초기화하거나 원하는 프로그램으로 호환이 되게 [path to *] 버튼에서 하나를 클릭하면 됩니다.

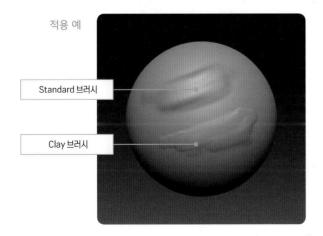

작업 시 ZBrush와 3ds Max 등 여러 프로그램을 같이 사용하게 됩니다. 이럴 때 데이터가 바로 바로 호환이 되어야 하는데 GoZ 플러그인을 설치하면 작업 효율성이 좋아집니다.

1.6 다양한 브러시

ZBrush 프로그램은 브러시 기반의 프로그램으로 다양한 브러시를 제공하여 작업자의 편의를 돕고 있습니다. 기본 브러시 외에도 유료 또는 무료로 브러시들을 추가할 수도 있습니다. 처음에는 기본적으로 제공하는 브러시를 하나씩 사용하며 늘려가기 바랍니다. 여기서는 자주 사용하는 브러시 위주로 설명하도록 하겠습니다.

적용 예

Standard 브러시

Clay 브러시

Standard

ZBrush 프로그램의 기본 브러시로, 둥근 형태로 스컬핑됩니다.

Clay

진흙과 같은 질감을 표현할 때 사용합니다. 주로 이음새 연결이나 근육을 표현할 때 사용합니다.

적용 예

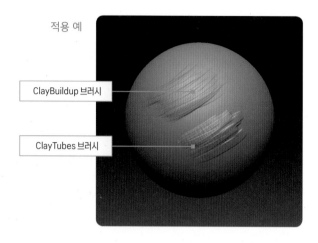

ClayBuildup 브러시

ClayTubes 브러시

ClayBuildup

정사각형 이미지 기반의 브러시로 질감을 표현하기가 좋습니다. 필압에 의해 높이가 달라집니다.

ClayTubes

ClayBuildup 브러시와 마찬가지로 정사각형 이미지 기반의 브러시로 좀 더 강하게 스컬핑됩니다. 필압에 의해 넓이가 달라집니다.

적용 예

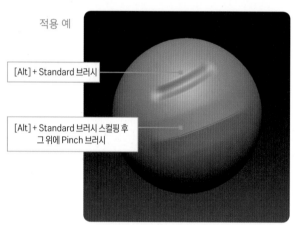

[Alt] + Standard 브러시

[Alt] + Standard 브러시 스컬핑 후 그 위에 Pinch 브러시

Pinch

브러시가 지나간 부분의 면을 날카로운 형태로 모아 줍니다.

적용 예

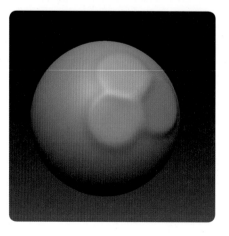

Polish

브러시가 지나간 부분의 면을 부드럽게 눌러 줍니다.

앞에서 설명한 브러시 외에도 다양한 종류의 브러시가 있습니다. 하지만 실제 작업에서 사용하는 브러시는 제한적입니다. 따라서 자주 사용하는 브러시를 손에 익히는 것이 더 중요합니다.

적용 예

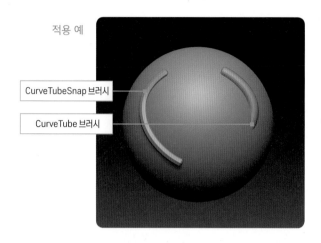

CurveTubeSnap 브러시

CurveTube 브러시

CurveTube

라인을 생성하는 브러시입니다.
기존의 오브젝트와 상관없이 공간에
라인이 생성됩니다.

CurveTubeSnap

CurveTube 브러시처럼 라인을
생성하지만 선택한 오브젝트 표면에
생성됩니다.

적용 예

IMM BParts

IMM 모델링 프랍(Prop. 형태가
만들어져 있는 오브젝트)을 생성할 수
있는 브러시입니다. 그중 IMM BParts
브러시는 인체 프랍을 생성할 수
있습니다.

적용 예

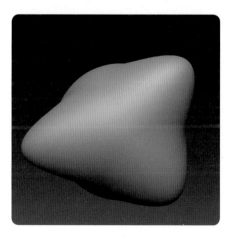

Move

선택한 영역을 잡아당기듯이
움직이는 브러시로, 기본 형태를 잡을
때 유용합니다.

ZBrush 프로그램의 주요 기능

이번 섹션에서는 실제 필드에서 자주 사용하는 기능들 위주로 알아보겠습니다. ZBrush 프로그램이 워낙 방대한 기능을 가지고 있고 이 책은 ZBrush 프로그램의 매뉴얼이 아니므로 모든 메뉴에 대해 설명하진 않습니다.

2.1 IMM 브러시

IMM 브러시는 오브젝트를 생성하는 브러시로 동일한 오브젝트를 반복적으로 사용하는 작업에서 유용하게 사용합니다. 특히, IMM BParts 브러시는 인체 기본형을 제공하고 있어서 인체 조형에 유용합니다. 예제를 통해 IMM 브러시를 사용하는 방법에 대해 알아보겠습니다.

1 화면 오른쪽 [Tool] 패널에서 [Simple Brush] 버튼을 클릭하고 [Shpere3D] 오브젝트를 선택해 캔버스 화면에 드래그해 줍니다. 그러면 [Shpere3D] 오브젝트가 만들어집니다.

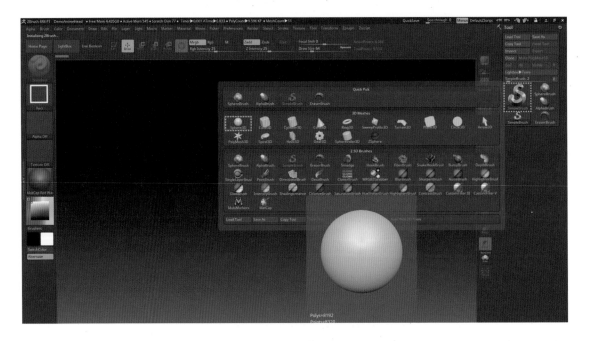

2   3D 모드에서 작업하기 위해 화면 왼쪽 위에서 [Edit] 버튼을 클릭합니다. (단축키 [T]) [Materi-al]은 눈에 잘 띄도록 [MatCap Gray] 재질을 선택합니다. 화면 오른쪽 트레이의 [Tool] 패널에서 [Make PolyMesh3D] 버튼을 클릭해 스컬핑이 가능한 상태로 만들어 줍니다.

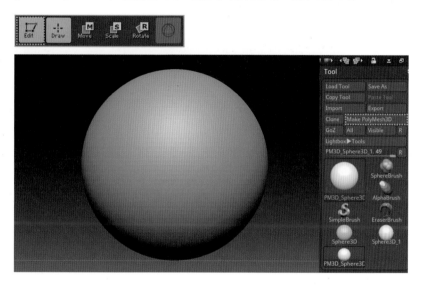

3   화면 왼쪽 메뉴바에서 [Brush] 메뉴를 클릭해 나오는 패널에서 [I] 범주에 펜을 가져가면 I로 시작하는 브러시들이 나타납니다. 여기에서 IMM Parts 브러시(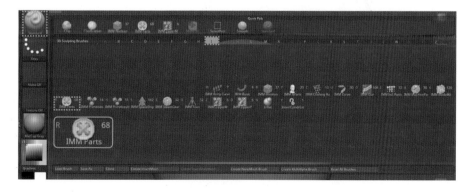)를 선택합니다.

4 [Brush] 메뉴 오른쪽으로 IMM Parts 브러시에서 제공하는 모든 오브젝트들을 확인할 수 있습니다. [Sphere3D] 오브젝트 위에 드래그하면 그림처럼 [Sphere3D] 오브젝트 표면에 [IMM Parts] 오브젝트가 만들어집니다.

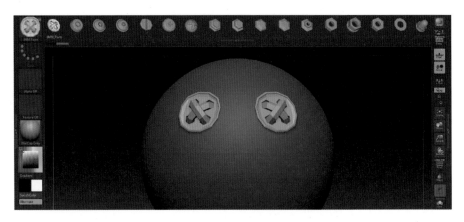

▸ [Sphere3D] 오브젝트에 [Divide] 정보가 있으면 IMM 브러시를 사용할 수 없습니다.

▸ 메뉴바에서 [Transform] 메뉴를 클릭하면 나오는 패널에서 [Activate Symmetry] 버튼 아래에 있는 [X] 버튼을 활성화하면 좌우 대칭으로 오브젝트가 만들어집니다.

▸ 오브젝트가 만들어진 후 캔버스의 빈 공간에서 [Ctrl] 키를 누른 채로 드래그하면 마스킹이 해제됩니다.

5 화면을 돌려 보면 앞서 만든 [IMM Parts] 오브젝트가 [Sphere3D] 오브젝트 표면에 떠 있는 것을 확인할 수 있습니다. 메뉴바에서 [Brush] → [Depth] → [Imbed] 값이 21로 되어 있습니다. 즉 [IMM Parts] 오브젝트와 표면의 간격이 21이라는 의미입니다.

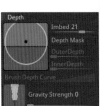
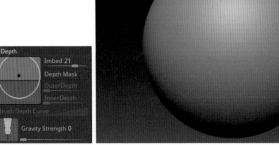

6 [Imbed] 값을 **5**로 내리고 [IMM Parts] 오브젝트를 다시 만들면 그림처럼 [Sphere3D] 오브젝트 표면에 더 붙습니다.

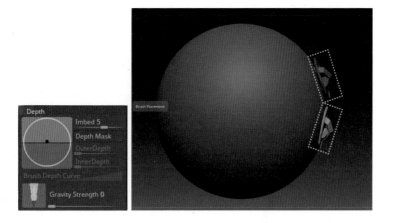

7 IMM Parts 브러시 오른쪽으로 [IMM Parts] 오브젝트의 세트 브러시들이 보입니다. 여기서 원하는 브러시를 골라 사용할 수 있습니다.

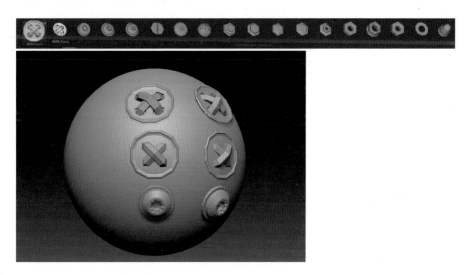

8 우측 트레이의 [Subtool] 패널을 보면 [Sphere3D] 오브젝트와 새로 만든 [IMM Parts] 오브젝트 가 하나의 레이어로 되어 있습니다. [Sphere3D]와 [IMM Parts] 오브젝트를 분리하겠습니다. 먼저 화면 오른쪽 [Tool] 패널에서 [Polygroups] 메뉴 아래 [Auto Groups] 버튼을 클릭해서 오브젝트를 각각 그룹으로 만들어 줍니다.

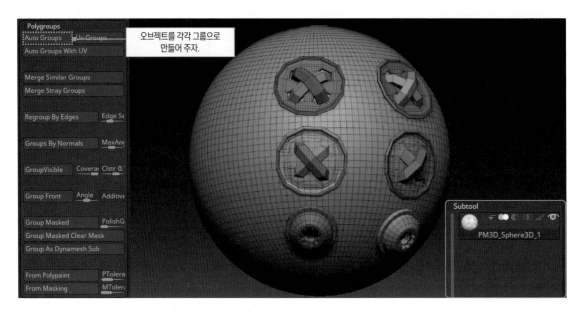

9 [Ctrl] + [Shift] 키를 같이 누른 상태에서 [Sphere3D] 오브젝트를 클릭합니다. 그러면 화면에 [Sphere3D] 오브 젝트만 보입니다.

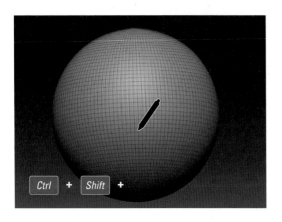

10 [Ctrl] + [Shift] 키를 같이 누른 상태에서 화면을 드 래그하면 반전되어 [IMM Parts] 오브젝트가 화면에 보입 니다.

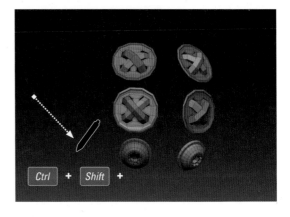

11 메뉴바에서 [Polygroups] → [GroupVisible]을 클릭해 화면에 보이는 [IMM Parts] 오브젝트를 하나의 그룹으로 만듭니다.

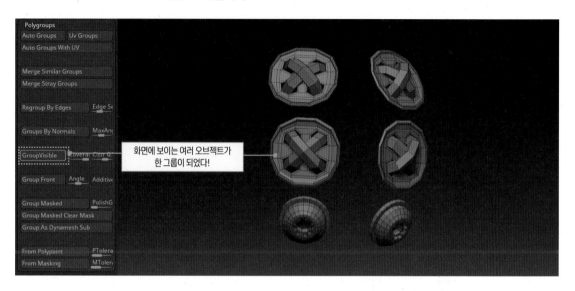

12 [Ctrl] + [Shift] 키를 같이 누른 상태에서 화면을 클릭 하면 숨겨진 모든 오브젝트들이 나타납니다.

13 화면 오른쪽 [Tool] 패널 아래에서 [Subtool] → [Split] → [Groups Split]를 클릭하면 [IMM Parts] 오브젝트가 새 로운 레이어로 분리됩니다.

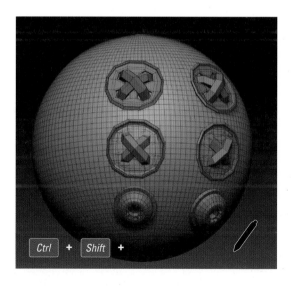

14 [Subtool] 패널에서 [Sphere3D] 오브젝트의 레이어를 선택하고 [Tool] 패널에서 [Geometry] → [Divide] 버튼을 클릭해 폴리곤 수를 늘려서 스컬핑하면 됩니다. 물론 [IMM Parts] 오브젝트의 레이어도 같은 방법으로 스컬핑하면 됩니다.

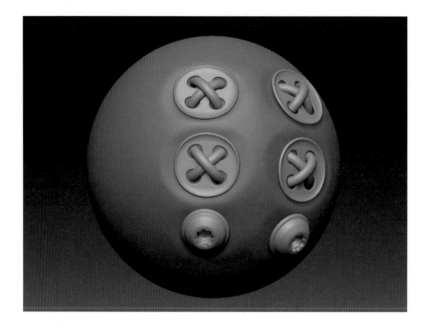

IMM 브러시를 잘 활용하면 작업 시간을 크게 줄일 수 있으며, 반복되는 형태의 스컬핑을 쉽게 할 수 있습니다. 따라서 ZBrush에서 제공하는 IMM 브러시를 하나씩 다 사용해 보고 미리 익혀 두는 것이 좋습니다. 또한 오브젝트별로 그룹을 만드는 방법 역시 앞으로 ZBrush를 다룰 때 아주 중요한 부분 이므로 잘 익혀 두시기 바랍니다.

TIP   구글, 핀터레스트 등에서 'ZBrush Imm Brush'를 검색하면 유용한 유무료 브러시들을 내 려받을 수 있습니다.

ZBrush 메뉴 구조

각 기능은 여러 단계로 이루어져 있습니다. 서랍 속에 서랍이 들어 있는 셈입니다. [DynaMesh]라는 버튼을 예로 들어 보겠습니다.

① 트레이에 있는 [Geometry] 버튼을 선택하면 [Geometry] 패널이 열립니다.

② [Geometry] 패널에 있는 [DynaMesh] 버튼을 클릭합니다.

③ [DynaMesh] 패널이 열리고 그 안에 [DynaMesh] 버튼이 나타납니다.

2.2 DynaMesh 기능

[DynaMesh]는 스컬핑의 한 방법입니다. [DynaMesh]는 폴리곤 분배를 고르게 해 주며, 다른 오브젝트들을 이어 붙일 수 있는 기능입니다. 예를 들어 구체 하나를 가져와 여기저기를 잡아당겨서 귀나코를 만들면 폴리곤의 분포가 제각각이 됩니다. 하지만 [DynaMesh] 기능을 사용하면 폴리곤을 바로 재정렬해서 고르게 만들 수 있습니다. 예제를 통해 [DynaMesh] 기능을 알아보겠습니다.

폴리곤 재정렬

1 [LightBox] 패널의 [Project] 탭에서 [DemoAnimeHead.ZPR] 오브젝트를 더블클릭합니다. 그러면 캔버스에 두상이 나타납니다. ZPR 파일은 더블클릭하면 화면에 생성되며, [Edit] 버튼이 활성화 되어 있는 3D 모드 상태입니다.

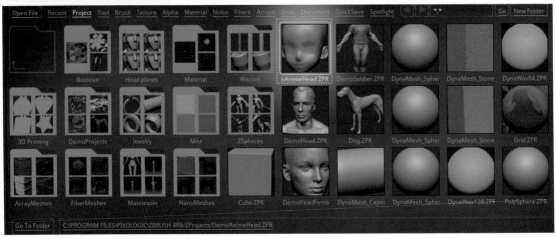

2 화면 왼쪽 셀프에서 [Brush] 버튼을 클릭하여 나오는 브러시에서 Move 브러시를 선택하고 그림
처럼 잡아당겨 뿔을 만들어 줍니다. [DemoAnimeHead.ZPR]은 좌우 대칭이 켜져 있어 한쪽을 만들
면 반대쪽 뿔까지 만들어집니다.

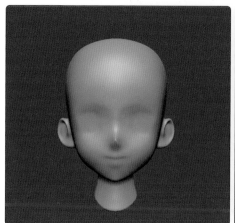 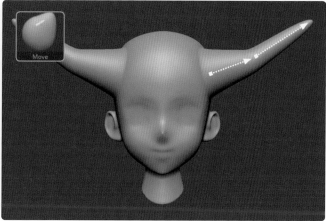

3 [Shift] + [F] 키로 와이어(폴리곤 구성선)를 확인해 보면 얼굴 부분과 뿔의 와이어의 밀도가 다른 것
을 확인할 수 있습니다. 즉 Move 브러시는 기존의 폴리곤을 늘리는 개념이므로 잡아당겨 늘일수록
와이어는 깨집니다.

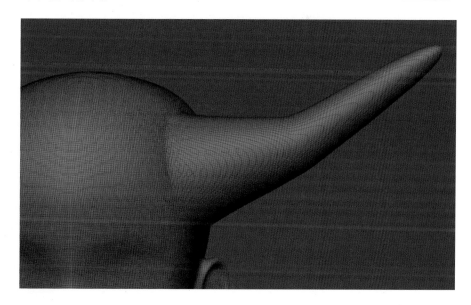

4 브러시를 바꾸어서 Standard 브러시로 다음 그림처럼 스컬핑을 해 보면 와이어의 밀도에 따라 깨지는 현상이 보입니다. [Ctrl] + [Z] 키로 스컬핑을 취소합니다.

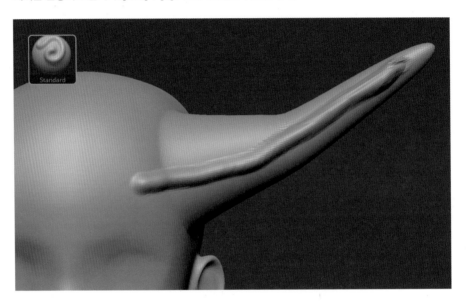

5 우측 트레이에서 [Geometry] → [DynaMesh] 메뉴의 아래를 확인해 보면 [DynaMesh] 버튼이 활성화되어 있습니다. 이 예제는 [DynaMesh] 기능에 관한 예제라 [DynaMesh] 버튼이 이미 활성화되어 있으며 버튼이 활성화되어 있지 않은 경우에는 [DynaMesh] 버튼을 클릭해 활성화하면 됩니다.

TIP　Resolution 값은 보통 **128, 256, 512, 1024, 2048**을 사용합니다.

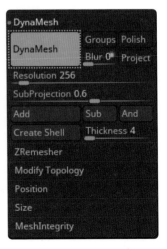

6 [DynaMesh] 기능을 업데이트하려면 [Ctrl] 키를 누른 채로 캔버스의 빈 공간을 드래그하면 됩니다. [DynaMesh] 기능이 갱신되면서 늘어난 뿔 부분의 폴리곤도 밀도가 얼굴과 같게 재정렬됩니다.

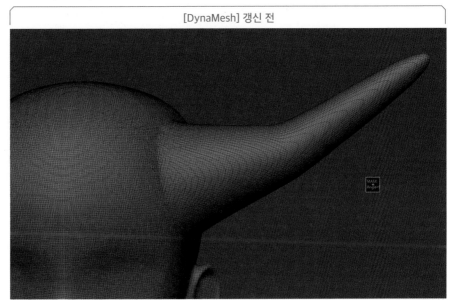

[DynaMesh] 갱신 전

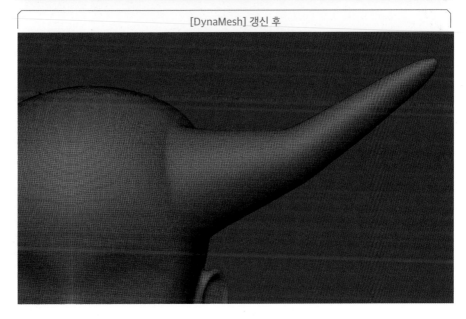

[DynaMesh] 갱신 후

7 이제 다시 스컬핑을 해 보면 얼굴 부분과 뿔 부분이 깨짐 없이 같은 스컬핑이 됩니다.

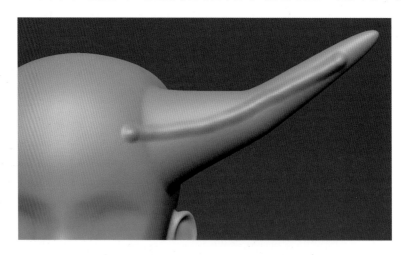

8 [DynaMesh]의 밀도는 [Resolution] 값에 의해 결정됩니다.

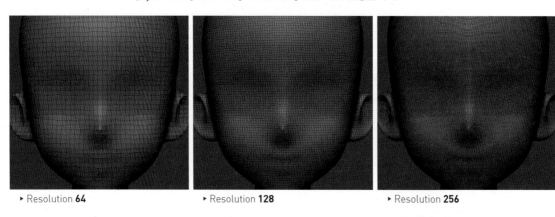

▸ Resolution **64**   ▸ Resolution **128**   ▸ Resolution **256**

TIP

Shift + *F*   [Shift] 키 + [F] 키로 와이어 표시
유무를 변경합니다.

오브젝트 병합

[DynaMesh]는 폴리곤을 동일하게 재정렬하는 기능 외에도 서로 다른 오브젝트를 하나의 오브젝트
로 만드는 기능도 있습니다. 예제를 통해 설명하겠습니다.

1 브러시를 CurveTube 브러시로 바꾸고 드래그해서 그림처럼 [CurveTube] 오브젝트를 만듭니다.

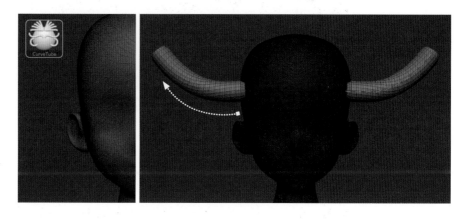

2 메뉴바의 [Stroke] → [Curve Modifiers]에서 [Intensity]와 [Size] 버튼을 활성화하고 [Curve
Falloff] 그래프를 움직여 다음 그림처럼 해 줍니다. [CurveTube] 오브젝트의 중앙 점선을 클릭하면
설정한 옵션대로 오브젝트가 갱신됩니다.

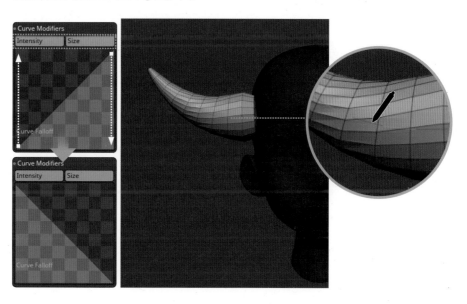

3 [CurveTube] 오브젝트의 중앙 점선을 움직여 모양을 조절할 수 있습니다.

현재 얼굴과 새로 만든 [CurveTube] 오브젝트는 와이어의 밀도가 다르며 색을 보면 알겠지만 각각이 다른 오브젝트입니다.

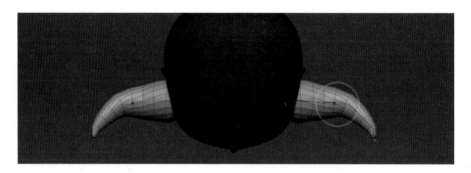

4 [Ctrl] 키를 누른 채로 캔버스의 빈 공간을 드래그하면 [DynaMesh]가 갱신됩니다. 그러면 [CurveTube] 오브젝트와 얼굴의 폴리곤이 밀도가 같아지면서 하나의 오브젝트로 변합니다.

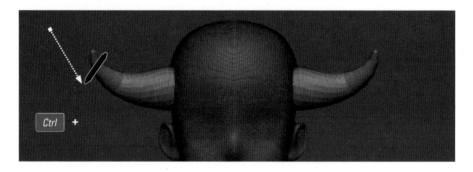

5 [Shift] 키를 누르고 Smooth 브러시로 문질러 연결 부위를 확인해 보면 자연스럽게 연결된 것을 알 수 있습니다.

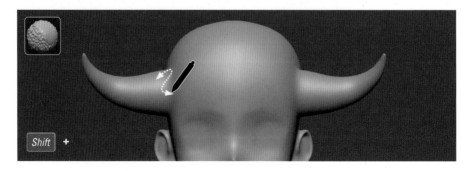

스컬핑을 하다 보면 폴리곤 분포가 균일하지 못해 자연스럽게 스컬핑을 하지 못하는 경우가 있습니다. [DynaMesh]를 이용한 스컬핑은 이러한 불균등한 폴리곤 분포를 해소해 주며 다른 오브젝트와 병합, 분리할 수 있고, [Divide] 정보가 없어 IMM 브러시 작업 역시 가능합니다. [DynaMesh] 기능은 스컬핑에 아주 유용한 방법으로 기본적인 [Divide] 값을 올려서 작업하는 방법과 병행해서 사용하면 좋습니다.

🔔 IMM Primitives 브러시로 추가한 오브젝트 모양대로 삭제하기

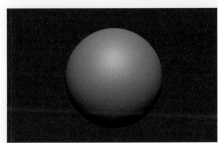

IMM Primitives 브러시를 사용하여 오브젝트가 겹치는 부분을 따로 빼내어 삭제할 수 있습니다. [LightBox]에서 [DynaMesh_Sphere128] 오브젝트를 하나 생성합니다.

좌측 셀프에서 [Brush] 버튼을 클릭해서 IMM Primitives 브러시를 선택합니다.

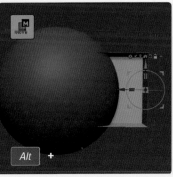

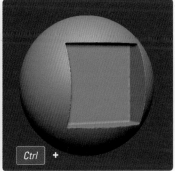

▶ [QBox]를 중앙에 하나 생성합니다. 이때 키보드의 [Alt] 키를 누른 상태로 작업합니다.

▶ [Alt] 키를 누르고 오브젝트를 생성하면 면이 뒤집혀 표시됩니다. Move 모드로 바꾸고 추가한 오브젝트의 위치, 크기, 각도를 변경합니다.

▶ [Ctrl] 키를 누르며 화면을 드래그합니다. 마스킹이 해제됩니다. 한번 더 [Ctrl] 키를 누르며 화면을 드래그 합니다. 면이 재분할되면서 추가했던 정육면체 모양으로 삭제됩니다.

2.3 MicroMesh 기능

[MicroMesh]는 철조망과 그물망 등 일반적인 스컬핑 방법으로 작업하기 불가능한 오브젝트를 만들어 주는 기능입니다. 예제를 통해 [MicroMesh]에 대해 알아보겠습니다.

1 [LightBox] 패널의 [Tool] 탭에서 [DemoSolider.ZTL] 오브젝트를 선택해서 화면에 드래그해 줍니다. 화면 왼쪽 위에서 [Edit] 버튼을 클릭해 3D 모드로 전환합니다.

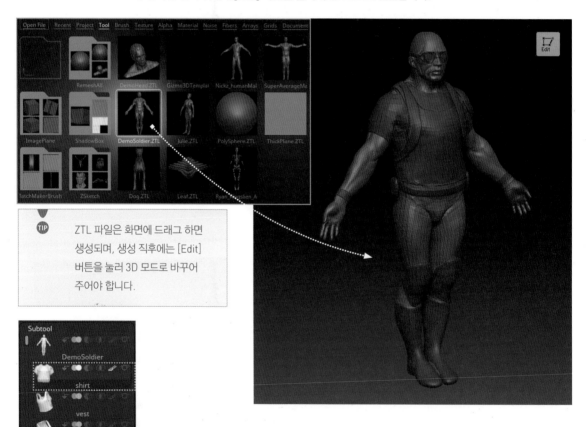

> **TIP** ZTL 파일은 화면에 드래그 하면 생성되며, 생성 직후에는 [Edit] 버튼을 눌러 3D 모드로 바꾸어 주어야 합니다.

2 우측 트레이 [Subtool] 패널에서 [vest] 오브젝트를 선택합니다. 그리고 다른 레이어들은 눈 아이콘을 비활성화하여 숨겨 줍니다.

> **TIP** 선택한 레이어의 오브젝트는 눈 아이콘이 꺼져 있어도 화면에 보입니다.

3 [Shift] + [F] 키를 누르면 와이어가 나타납니다. 와이어를 확인해 보니 폴리곤의 형태가 균일하지 않습니다.

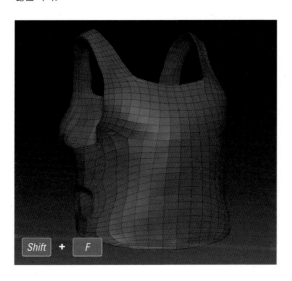

4 [Tool] 패널의 [Geometry] → [ZRemesher]에서 [AdaptiveSize] 값을 **0**으로 바꾸고 [ZRemesher] 버튼을 클릭합니다. 와이어가 정사각형으로 균일하게 재정렬되었습니다. [ZRemesher]는 폴리곤을 재정렬하는 기능으로 '2.5 ZRemesher 기능'에서 자세히 설명하겠습니다.

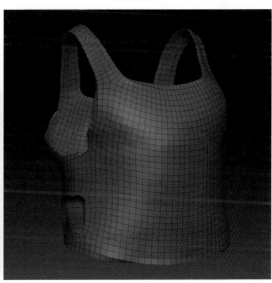

5 이제 [MicroMesh]로 사용할 소스를 만들겠습니다. [SimpleBrush] 버튼을 클릭합니다. 경고창이 뜨면 [Switch] 버튼을 클릭합니다.

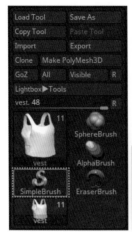

6 화면 오른쪽 트레이 [Tool] 패널에서 [SimpleBrush] 버튼을 한 번 더 클릭하고서 [Plane3D] 오브젝트를 선택해서 화면에 드래그해 줍니다. 마찬가지로 3D 모드로 작업하기 위해 단축키 [T]를 눌러 [Edit] 버튼을 활성화합니다.

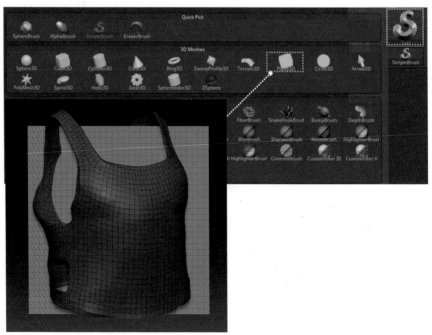

7 기존에 작업 중이던 [DemoSolider]와 [Plane3D] 오브젝트가 겹쳐 보입니다. 단축키로 [Ctrl] + [N] 키를 눌러 화면을 정리합니다. 화면에 [Plane3D] 오브젝트만 보입니다.

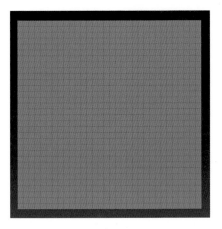

8 화면 오른쪽 트레이 [Tool] → [Initialize]에서 [HDivide]와 [VDivide] 값을 5로 줄여 줍니다.

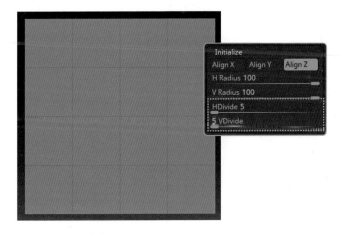

9 화면 오른쪽 트레이 [Tool] 패널에서 [Make PolyMesh3D] 버튼을 클릭합니다.

10 [Ctrl] + [Shift] + [Alt] 키를 같이 눌러 그림처럼 오브젝트 중앙에 드래그합니다.

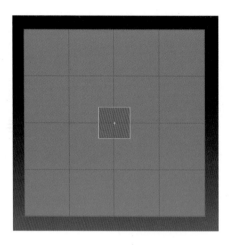

11 중앙 부분이 숨김으로 처리됩니다.

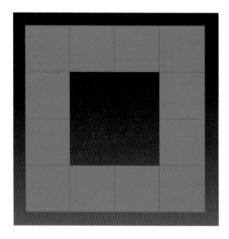

12 메뉴바에서 [Transform] → [Activate Symmetry] 아래 [X]와 [Y] 버튼을 활성화합니다.

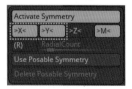

13 브러시를 Move 브러시로 바꾸고 그림처럼 모양을 만들어 줍니다.

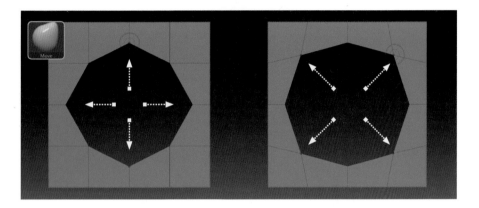

14 우측 트레이에서 [Geometry] → [Modify Topology] 아래에 있
는 [Del Hidden] 버튼을 클릭해서 숨긴 폴리곤을 지워 줍니다.

15 화면 오른쪽 트레이 [Tool] 패널에서 처음 작업 중이던 [DemoSolider(vest)] 오브젝트를 클릭합
니다.

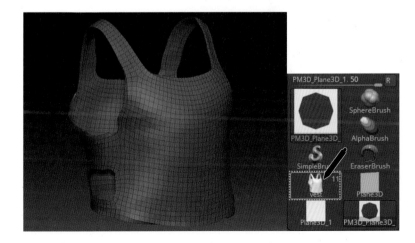

16 우측 트레이에서 [Geometry] → [Modify Topology] 아래 [Micro Mesh] 버튼을 클릭하고서 소스 작업한 [Plane3D] 오브젝트를 클릭합니다.

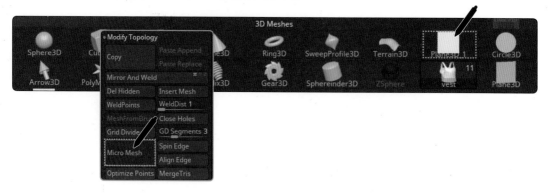

17 경고창이 뜨면 [OK]를 클릭합니다.

18 메뉴바에서 [Render] → [Render Properties] → [Drow MicroMesh] 버튼을 활성화합니다.

19 오른쪽 셀프 상단 [BPR] 버튼을 클릭해서 렌더링을 해 줍니다. 그러면 그림과 같은 결과를 얻을 수 있습니다.

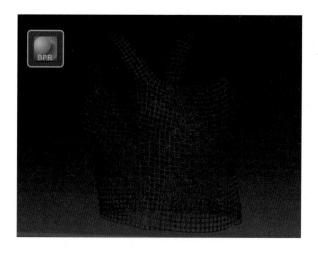

20 현재까지 결과는 렌더링 중에만 확인할 수 있습니다. [Geometry] 아래 [Convert BPR To Geo] 버튼을 클릭해서 폴리곤 상태로 변환합니다. 그러면 다음과 같이 모델링이 완성됩니다.

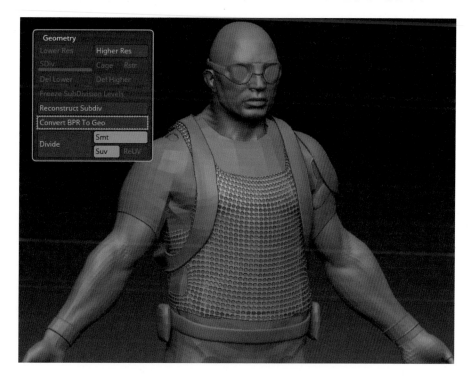

지금까지 [MicroMesh]에 대해 알아보았습니다. 자주 쓰이는 기능은 아니지만, 디테일한 문양이나 패턴을 스컬핑할 때 아주 유용한 방법이므로 기억해 놓도록 합니다.

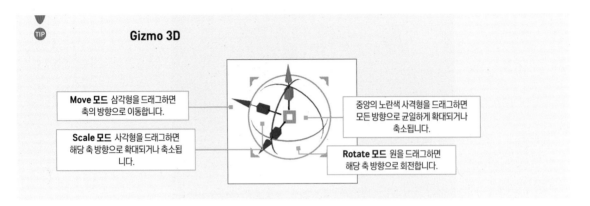

Gizmo 3D

Move 모드 삼각형을 드래그하면 축의 방향으로 이동합니다.

Scale 모드 사각형을 드래그하면 해당 축 방향으로 확대되거나 축소됩니다.

중앙의 노란색 사격형을 드래그하면 모든 방향으로 균일하게 확대되거나 축소됩니다.

Rotate 모드 원을 드래그하면 해당 축 방향으로 회전합니다.

2.4 ZSphere 기능

점토로 물체를 만들 때는 바로 형태를 잡을 수도 있지만 철사 등으로 기본 골격을 만든다면 좀 더 쉽게 형태를 잡을 수도 있습니다. [ZSphere]는 점토 공작에서의 철사, 즉 기본 골격 역할을 한다고 생각하면 됩니다. 예제를 통해 [ZSphere] 기능에 대해 알아보겠습니다.

1 화면 오른쪽 [Tool] 패널에서 [Simple Brush] 버튼을 클릭하고서 [ZSphere] 오브젝트를 선택해 캔버스 화면에 드래그해 줍니다.

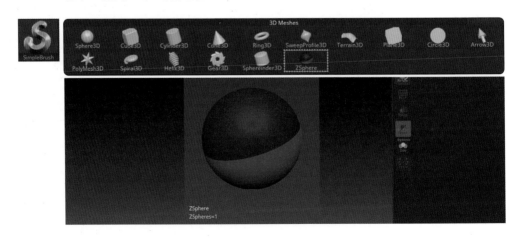

2 화면 왼쪽 위에서 [Edit] 버튼을 클릭해서 3D 모드로 전환합니다. (단축키 [T]) 또한, 메뉴바의 [Transform] 패널에서 [Activate Symmetry] 버튼을 활성화하여 좌우 대칭 작업으로 설정합니다. (단축키 [X])

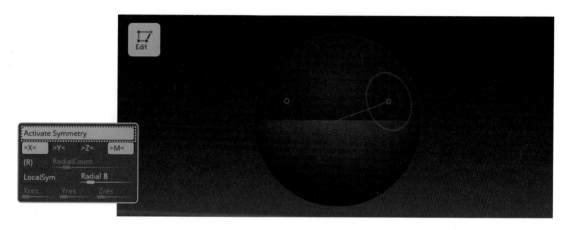

3 [ZSphere]를 사용하는 기본 방법은 다음과 같습니다.

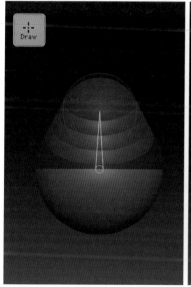

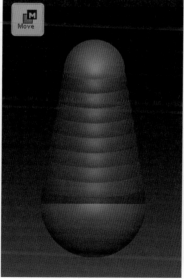

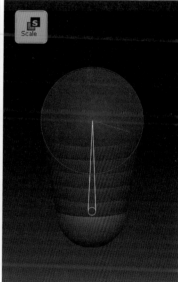

▸ Draw 모드에서 새로운 [ZSphere]를 만듭니다.
▸ (단축키 [Q])

▸ 화면 왼쪽 위에서 [Move] 버튼을 클릭해 Draw 모드에서 Move 모드로 전환하고, 앞서 만든 [ZSphere]를 움직입니다.
▸ (단축키 [W])

▸ Scale 모드로 [ZSphere]의 크기를 조절합니다. 화면 왼쪽 위에서 [Scale] 버튼이 활성화되어 있으면 Scale 모드입니다.
▸ (단축키 [E])

4   현재 상태에서 [ZSphere]로 히드라 형태의 구조를 만들어 보겠습니다. 처음 [ZSphere]로 모델링을 하면 구조를 만들기가
쉽지 않습니다. 많은 연습이 필요합니다. 단축키([Q], [W], [E])를 사용하면 좀 더 수월하게 작업할 수 있습니다. 이미지를 보면서
순서대로 천천히 따라 해 보시기 바랍니다.

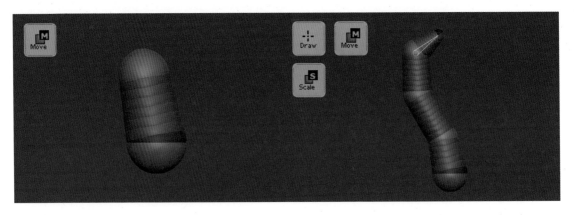

▸ 화면을 돌려 그림처럼 옆모습을 확인합니다. [ZSphere]는
  기본이 좌우 대칭 모드이기 때문에 화면 중앙에 [ZSphere]를
  생성해서 [ZSphere]가 하나만 생성되도록 합니다.

▸ Draw로 [ZSphere]를 생성하고 Move로 움직여 그림처럼
  몸통을 만들어 줍니다. Scale로 크기도 조절합니다.

▸ 같은 방법으로 얼굴을 만들어 줍니다.

▸ 어깨 부분에 Draw로 [ZSphere]를 생성합니다. 반대쪽에도
  [ZSphere]가 생성됩니다.

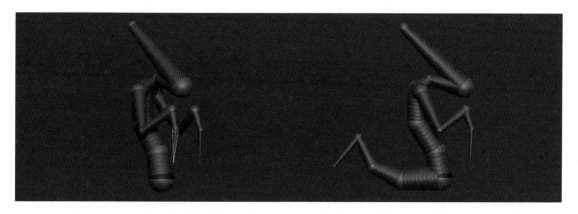

▸ 몸통과 같은 방법으로 팔을 만들어 줍니다. ▸ 꼬리 부분도 같은 방법으로 만들어 줍니다.

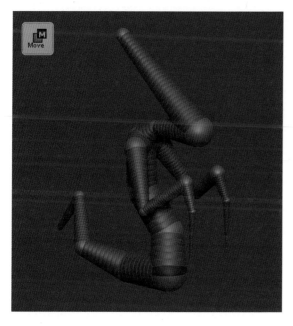

[LightBox] 패널의 [Project] 탭에 있는 [ZSpheres] 폴더를 보면 ZSpheres로 인간형 및 4족 동물의 형태를 잡아 놓은 데이터가 있습니다.

▸ Move로 [ZSphere]들을 움직여 자연스러운 동작을 만들어 줍니다.

5   기본 골격을 잡은 [ZSphere]를 스컬핑이 가능한 상태로 만들어 보겠습니다. 메뉴바에서 [Tool]
→ [Adaptive Skin] → [Preview] 버튼을 클릭하면 미리보기를 할 수 있습니다. [Density] 값을 올리
면 폴리곤 수가 많아집니다. 미리보기에서 문제가 없다면 [Make Adaptive Skin] 버튼을 클릭하면 새
로운 오브젝트가 만들어집니다.

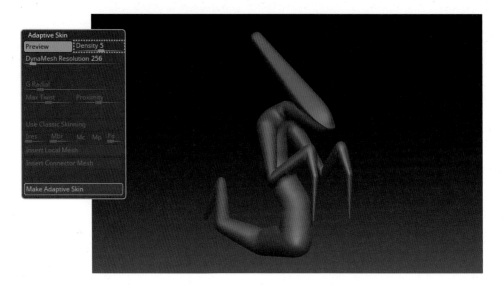

6   화면 오른쪽 트레이 [Tool] 패널을 보면 처음 작업을 시작한 [ZSphere] 오브젝트와 구조를 만
든 [ZSphere_1] 오브젝트가 있습니다. 그리고 [Make Adaptive Skin] 버튼을 클릭하면 [Skin_
ZSphere_1] 오브젝트가 만들어집니다.

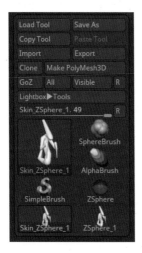

7 [Skin_ZSphere_1] 오브젝트를 스컬핑하면 다음과 같은 결과물을 얻을 수 있습니다.

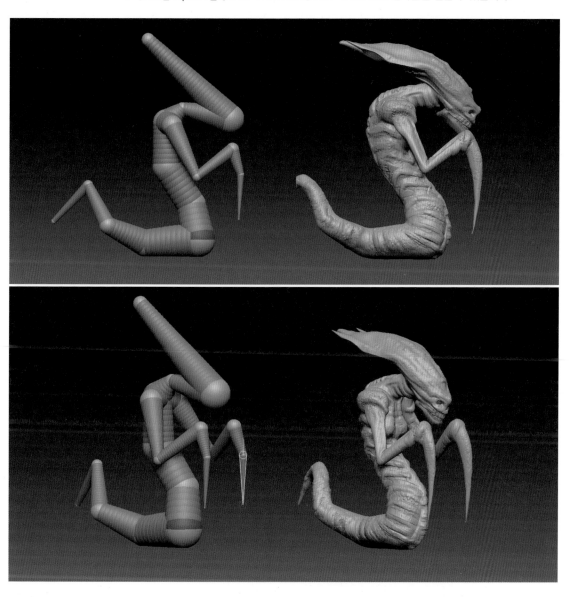

[ZSphere]로 3D 모델의 기본 골격, 즉 베이스 모델링을 쉽게 할 수 있습니다. [ZSphere]를 마음대로 다루려면 많은 연습이 필요하지만, 익숙해지면 기본 형태를 잡는 데 유용하게 사용할 수 있습니다.

🔔 **Gizmo 3D 수정**

ⓐ 🔒 [Gizmo 3D]에 있는 자물쇠 아이콘을 클릭하여 자물쇠를 엽니다.

ⓑ 🔄 자물쇠를 연 다음, 옆의 회전 마크를 클릭하면 [Gizmo 3D]가 캔버스에 평행하게 바뀝니다.

ⓐ 🔒 다시 자물쇠를 클릭하여 잠급니다.

2.5 ZRemesher 기능

[ZRemesher]는 말 그대로 자동으로 면들을 다시 재구성해 주는 기능입니다. 로우 폴리곤 데이터
로 만들 때 유용하게 사용하며, 스컬핑하면서 면 흐름을 재구성할 때도 사용합니다. 예제를 통해
[ZRemesher]에 대해 알아보겠습니다.

폴리곤 재구성

ZBrush를 사용하면서 하이 폴리곤 데이터를 로우 폴리곤 데이터로 쉽게 만드는 방법이 가장 고민되
는 부분입니다. 이렇게 하이 폴리곤 데이터를 로우 폴리곤 데이터로 만드는 기능을 [Topology]라고
합니다. 기존의 [Topology] 기능은 손이 많이 가는 작업입니다. 하지만 [ZRemesher] 기능을 이용
하면 [Topology] 작업을 쉽게 할 수 있습니다.

1 [LightBox] 패널의 [Project] 탭에서 [DemoHead.ZPR] 오브젝트를 더블클릭해서 불러옵니다.

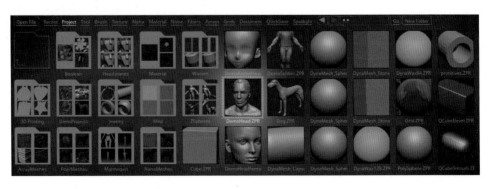

2 [Tool] 패널의 [Geometry] 아래 [Divide] 버튼을 클릭해서 폴리곤 수를 더 늘려 줍니다.

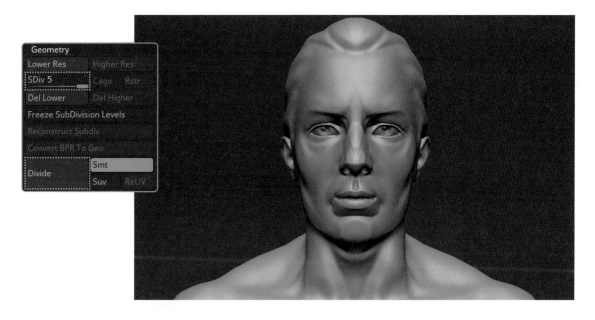

3 [Shift] + [F] 키를 누르면 와이어가 나타나고, 폴리곤을 확인할 수 있습니다.

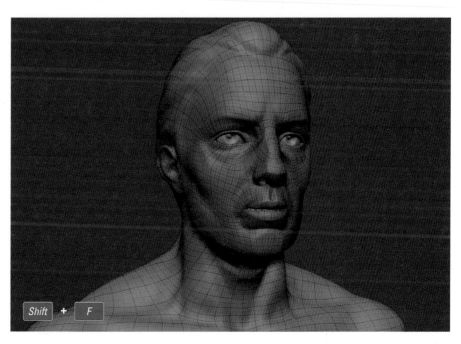

4 [Geometry] 패널의 [ZRemesher] 메뉴 아래에 있는 [ZRemesher] 버튼을 클릭하면 폴리곤 수가
줄어듭니다.

 Target Polygons Count: 폴리곤 수를 조절합니다. 값을 올리면 폴리곤 수
가 많아지고 값을 내리면 폴리곤 수가 적어집니다.

Half, Same, Double: 원본 폴리곤 대비 Half는 약 반으로 줄이고, Same은
거의 같고, Double은 배로 늘립니다.

Curves Strength: Zremesher Guide의 강도입니다.

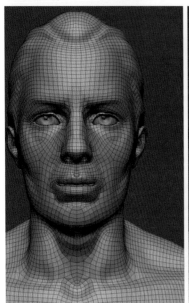

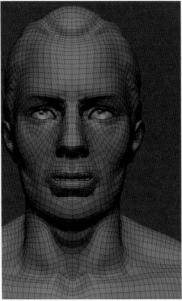

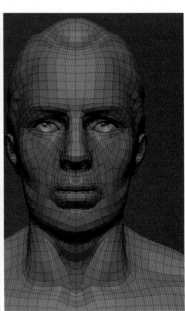

▸ Target Polygon Count **5**   ▸ Target Polygon Count **3**   ▸ Target Polygon Count **1**

5 [Geometry] 패널의 [ZRemesher] 메뉴 아래 [Adaptive Size] 옵션은 곡선 부분의 폴리곤의 밀
도를 조절하는 옵션입니다. 값을 올릴수록 곡선 부분 처리가 부드러워집니다. 값을 **50**으로 설정한
데이터의 코나 입술 부분을 보면 곡면 부분에 와이어가 더 많이 존재하는 것을 확인할 수 있습니다.

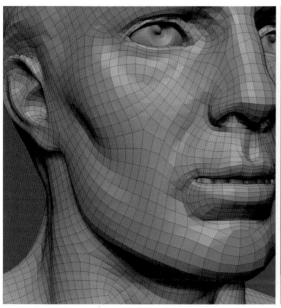
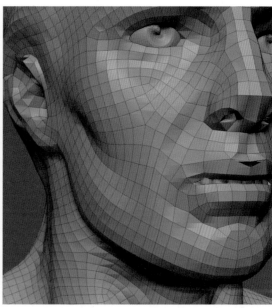

▸ Adaptive Size **50**   ▸ Adaptive Size **0**

ĭ 특정한 부분에 폴리곤을 집중시킬 수도 있습니다. [Geometry] 패널의 [ZRemesher] 메뉴 아래에
있는 [Use Polypaint] 버튼을 클릭하고 폴리곤을 집중시킬 부분을 채색합니다. 이때 화면 위쪽 셀프
에서 [Rgb] 버튼이 활성화되고 [Zadd] 버튼은 비활성화되어 있어야 합니다.

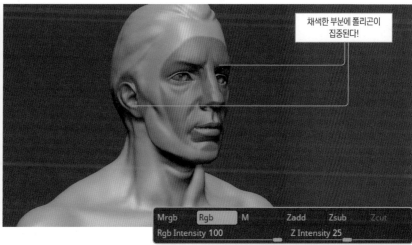

7 [Shift] + [F] 키를 눌러 결과물을 비교해 보면 채색한 부분에 훨씬 많은 폴리곤이 집중되어 있는 것을 확인할 수 있습니다.

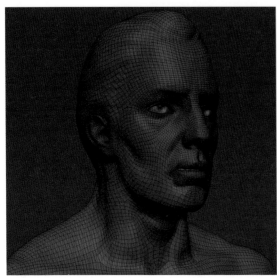

▸ [Use Polypaint] 기능을 사용한 경우   ▸ [Use Polypaint] 기능을 사용하지 않은 경우

 Use Polypaint: 붉은색은 밀도가 높아지고, 푸른색은 밀도가 낮아집니다.

와이어 흐름

이번에는 와이어 흐름을 조절해 보겠습니다. 인게임에 쓰일 로우 폴리곤 데이터는 와이어 흐름이 중요합니다. 예를 들어 얼굴에서는 실제 사람 얼굴 근육과 유사하게 와이어가 설정되어 있어야 합니다. 그래야만 얼굴 표정을 만들 때 찌그러짐 없이 자연스러운 얼굴을 만들 수 있습니다.

 1 브러시를 ZRemesherGuide 브러시로 바꾸어 줍니다. 화면 왼쪽 셸프에서 [Brush] 버튼을 클릭해서 [Z] 범주에 펜을 가져가면 이 브러시가 있습니다.

2 사람 얼굴의 경우 근육 흐름에 따라 가이드를 해 주는 것이 좋습니다.

눈 주위	입 주위

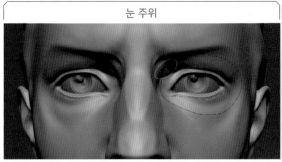

▸ 눈 주위로 둥글게 그립니다.   ▸ 입 주위로 둥글게 그립니다.

코	얼굴

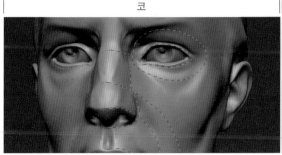

▸ 코도 그림처럼 가이드를 표시합니다.   ▸ 얼굴 중앙에 가이드를 추가합니다.

3 이렇게 가이드한 후 [Geometry] 패널의 [ZRemesher] 아래에 있는 [ZRemesher] 버튼을 클릭히면 가이드한 대로 와이어 흐름이 처리되는 것을 확인할 수 있습니다. 원하지 않은 와이어가 만들어져 조정이 필요할 때나 특정한 와이어를 새로 추가할 때 유용한 방법입니다.

[ZRemesher]는 게임 디자이너가 알아 두어야 할 중요한 기능입니다.

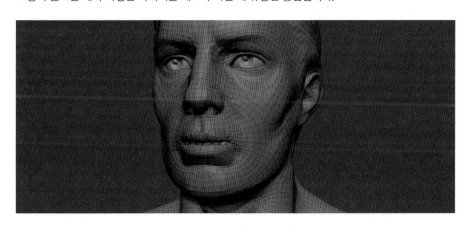

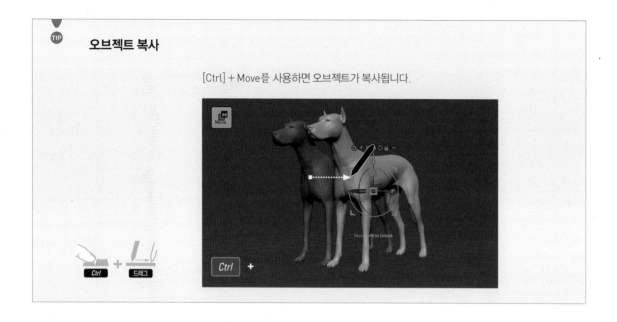

오브젝트 복사

[Ctrl] + Move를 사용하면 오브젝트가 복사됩니다.

2.6 FiberMesh 기능

[FiberMesh]는 머리카락이나 털과 같은 형태의 메시를 만들어 주는 기능입니다. 예제를 통해 사용법을 알아보겠습니다.

FiberMesh를 이용한 머리카락 만들기

[FiberMesh] 기능을 이용해서 여자 캐릭터의 머리카락을 만들어 보겠습니다.

1 [LightBox] 패널의 [Project] 탭에서 [HeadFemale.ZPR] 오브젝트를 더블클릭해서 불러옵니다.

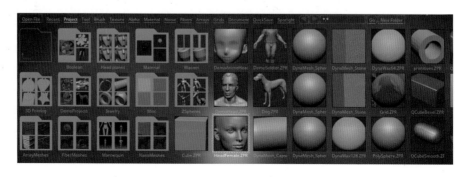

2 [Subtool] 패널에서 얼굴 레이어를 선택하고 [Duplicate] 버튼을 클릭해서 레이어를 복사합니다.
[Rename] 버튼을 클릭해서 레이어의 이름을 [Hair]로 바꾸어 줍니다.

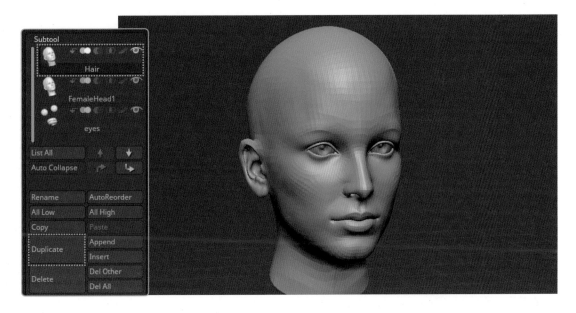

3 [Shift]+[F] 키를 눌러 와이어가 보이게 합니다. [Ctrl]+[Shift] 키를 눌러 머리카락을 만들 두피
를 선택해 줍니다. 화면에 두피만 나타납니다. 이때 브러시를 SelectLasso 브러시로 바꾸고, 그리는
방법인 [Stroke]는 [Lasso]로 바꾸면 사각형이 아닌 원하는 모양으로 선택할 수 있습니다.

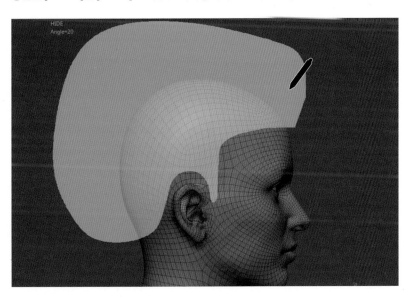

4 얼굴은 필요 없으므로 지우겠습니다. [Geometry] → [Modify Topology] 메뉴 아래의
[Del Hidden] 버튼을 클릭해 숨김 상태인 얼굴 부분을 지웁니다.

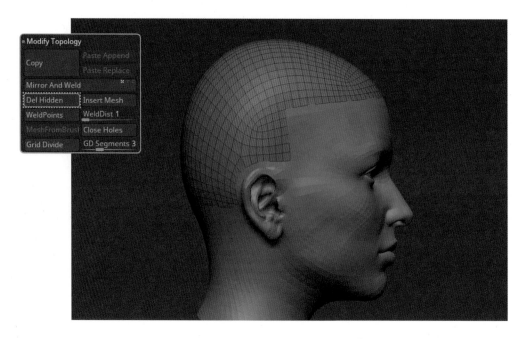

5 이제 두피를 나누어 여러 개의 그룹으로 만들어 주겠습니다. 같은 방법으로 [Ctrl] + [Shift] 키를
눌러 그림처럼 선택해 줍니다.

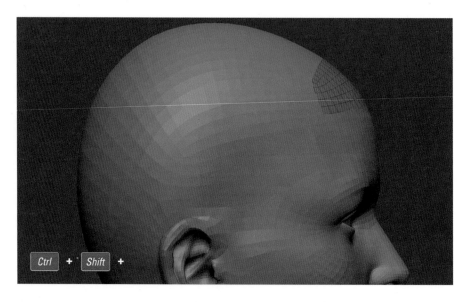

6 화면 오른쪽 [Tool] 패널에서 [Polygroups] 메뉴 아래에 있는 [GroupVisible] 버튼을 클릭하면 색이 바뀌면서 현재 보이는 부분만 새로운 그룹이 됩니다.

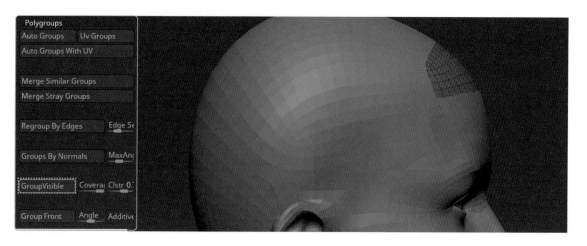

7 [Ctrl] + [Shift] 키를 누른 채 화면을 클릭해서 숨김을 해제하면 그림처럼 그룹이 나누어진 것을 확인할 수 있습니다.

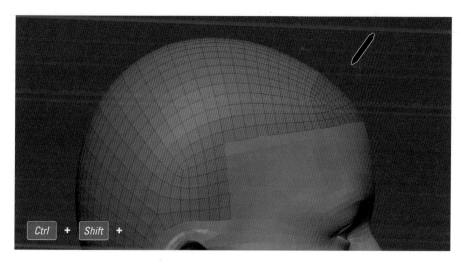

8 이와 같은 방법으로 두피 부분을 여러 그룹으로 나누어 줍니다.

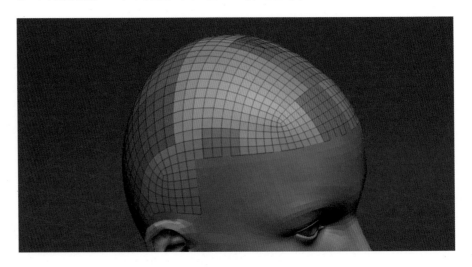

9 화면 오른쪽 [Tool] 패널에서 [FiberMesh] 메뉴 아래 [Preview] 버튼을 클릭하면 그림처럼 두피에 머리카락이 생성됩니다.

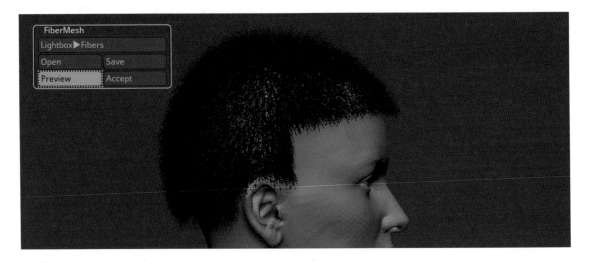

10 [FiberMesh] 탭에서 [Modifiers] 아래에 있는 [Length] 값을 **700**으로 올려 머리카락 길이를 늘려 줍니다.

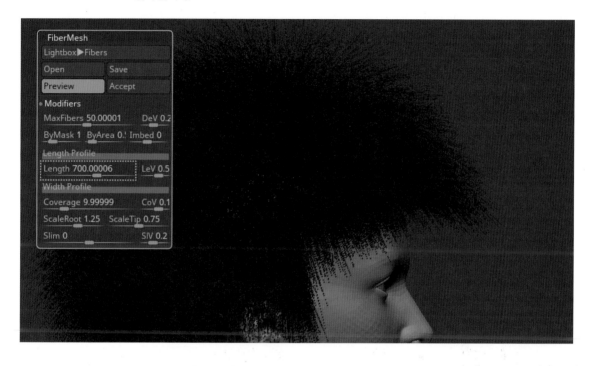

11 [Coverage] 값을 **300**으로 올려 머리카락 굵기를 늘려 줍니다.

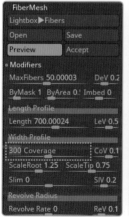 

12 [Gravity] 값을 **1**로 설정해서 머리카락이 뻗치지 않고 아래로 조금 쳐지게 합니다.

13 [Segments] 값을 **20**으로 올려 마디를 추가해서 머리 모양을 자연스럽게 다듬어 줍니다.

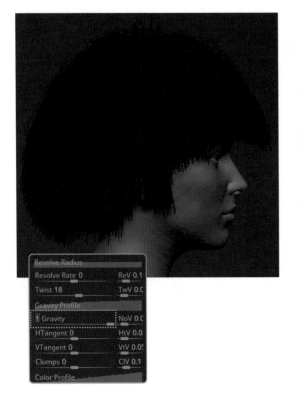

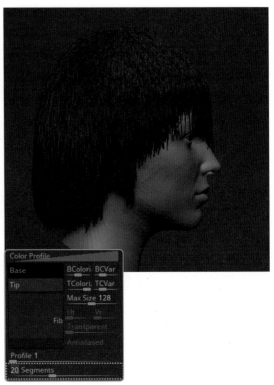

 TIP

Gravity와 Segment

Gravity는 '중력'이라는 뜻으로 마이너스 값을 적용하면 하늘로 뻗치는 머리카락을 만들 수 있습니다.

Segment는 '마디, 분할하다'라는 뜻으로 마디가 많을수록 각지지 않고 부드럽게 됩니다.

14 대략적인 머리카락 길이와 두께를 정하고 [Accept] 버튼을 클릭해서 [FiberMesh]를 오브젝트로 만들어 줍니다. [Subtool] 패널에 새로운 레이어가 생성되었습니다.

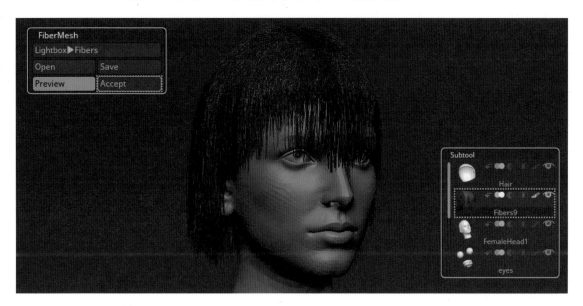

15 이 상태에서 Move 브러시 등으로 머리를 스타일링해도 되지만, 이번에는 [FiberMesh] 전용 브러시인 Groom 브러시를 사용해서 스타일링을 해 보겠습니다. 머리카락 역시 그룹이 되어 있습니다. [Ctrl] + [Shift] 키를 누른 채로 머리카락 한 그룹을 클릭하면 선택한 그룹만 화면에 나타납니다.

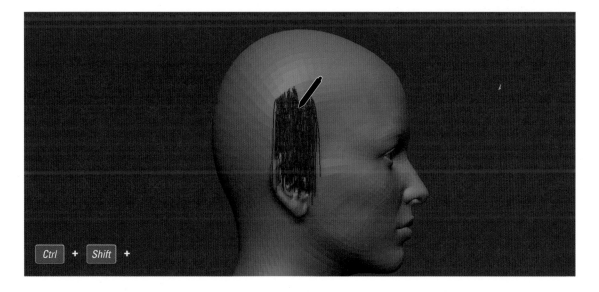

16 브러시를 GroomHairBall 브러시로 바꾸고 머리카락에 문질러 주면 그림처럼 머리카락이 볼 형태로 뭉칩니다. 같은 방법으로 모든 그룹의 머리카락을 볼 형태로 뭉쳐 줍니다.

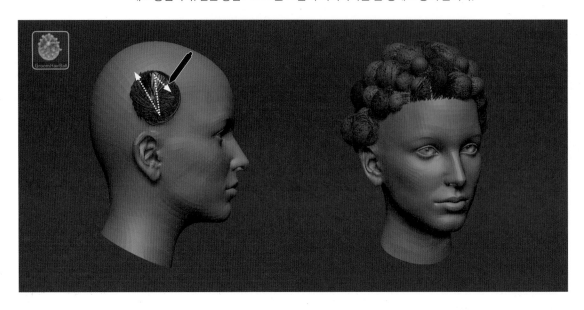

17 이제 뭉쳐진 볼 형태의 머리카락을 펼치면서 스타일링해 주면 됩니다.

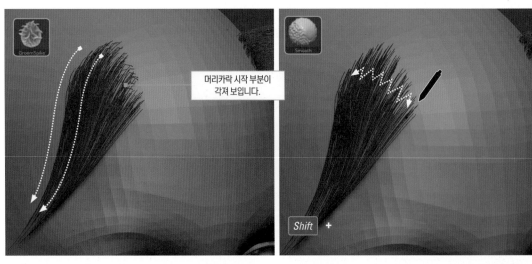

▸ 브러시를 GroomSpike 브러시로 바꾸고 원하는 방향으로
  드래그하면 머리카락이 펴집니다.

▸ [Shift] 키를 누른 상태로 Smooth 브러시로 문질러 주면
  부드럽게 바뀝니다.

🔔 **Groom 브러시 활용 방법**

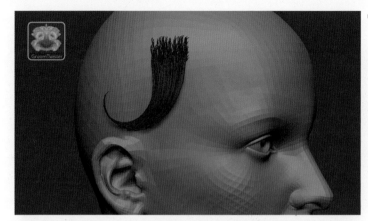

▸ GroomTwister 브러시로 머리카락을
구부릴 수 있습니다.

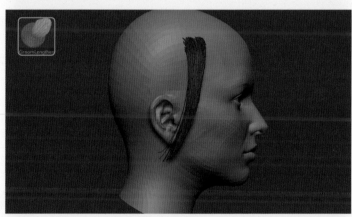

▸ GroomLengthen 브러시로 머리카락
길이를 늘일 수 있습니다.

▸ GroomHairToss 브러시로 머리카락을
넓게 펼칠 수 있습니다.

18 앞서 설명한 방법으로 원하는 머리 스타일을 만들면 됩니다. Groom 브러시 이외에도 Move 브러시나 Pinch 브러시 등을 활용해 스타일링하면 됩니다. 처음 모판을 만들 때 머리카락 길이별로 모판을 만들어서 작업하면 훨씬 세밀하게 작업할 수 있습니다.

FiberMesh를 활용한 인게임 데이터 제작

지금까지 설명한 [FiberMesh] 기능을 활용한 작업은 결과물의 질은 좋지만 실제 게임 데이터로는 사용할 수 없습니다. [FiberMesh] 기능을 이용해 게임 리소스로 사용할 수 있는 데이터로 만들어 보겠습니다. 머리카락보다는 작업하기 쉬운 수염으로 예제를 진행하겠습니다.

1 [LightBox] 패널의 [Project] 탭에서 [DemoHead.ZPR] 오브젝트를 더블클릭하여 불러옵니다.

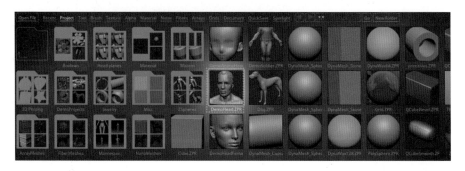

2 수염을 그릴 부분을 [Ctrl] 키를 누른 상태에서 채색하여 마스크해 줍니다.

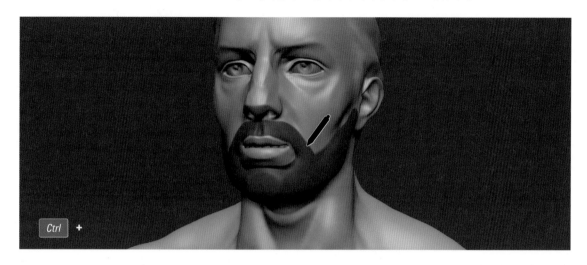

3 화면 오른쪽 [Tool] 패널에서 [FiberMesh] 메뉴 아래 [Preview] 버튼을 클릭해서 미리보기를 합니다.

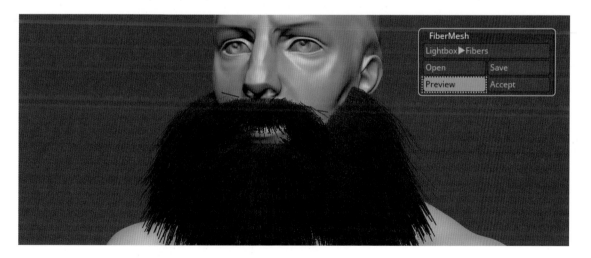

4 화면 오른쪽 [Tool] 패널의 [FiberMesh] 메뉴 아래에 있는 ❶ [Modifiers]에서 [MaxFibers] 값
을 **2**로 줄여 줍니다. ❷ [Length] 값을 **100**으로 하여 수염 길이를 줄여 주고, ❸ [Coverage] 값을
5000으로 크기를 키워 줍니다. 그런 다음 ❹ 양쪽에 있는 [Width Profile] 그래프를 맨 위로 옮깁니
다. ❺ [ScaleRoot]와 [ScaleTip] 값을 **1**로 설정해서 수염 뿌리와 끝 부분 크기를 같게 해 줍니다.
❻ [Twist] 값을 **0**으로 하여 수염이 꼬이지 않게 해 줍니다. ❼ [Gravity] 값을 **1**로 설정해 중력을 조
금 높여 주면 수염이 아래로 쳐집니다. ❽ [Segments] 값은 **3**으로 주었습니다. 폴리곤 수를 줄이고
싶다면 [Segments] 값을 **1**로 설정해도 상관없습니다.

5 [Accept] 버튼을 클릭해서 새로운 레이어로 [수염] 오브젝트를 만듭니다.

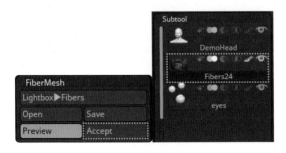

6　매핑을 하기 위해 UV 작업을 하겠습니다. 화면 왼쪽 [Tool] 패널에서 [UV Map] → [Create] → [FiberUV] 버튼을 클릭하면 UV 작업이 완료됩니다.

TIP

매핑은 2D 이미지를 3D 오브젝트에 적용하는 것을 의미합니다.

UV 작업은 2D 이미지를 3D 오브젝트에 왜곡 없이 적용하기 위해 3D 오브젝트를 전개도처럼 펼치는 것을 말합니다.

7　화면 오른쪽 [Tool] 패널 아래 [Texture Map] 메뉴에서 아래에 있는 네모칸을 클릭합니다. [Textures] 패널 왼쪽 아래 [Import] 버튼을 클릭해 예제 파일의 'Chapter01₩Section02' 폴더에서 [hair_alpha.jpg] 파일을 선택합니다. [Transparent] 값을 최고로 올려 줍니다. 그러면 검은색은 투과되고 흰 부분의 이미지만 나타납니다.

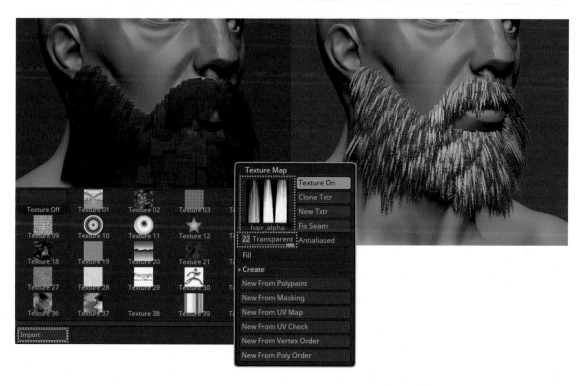

8 오른쪽 셀프 상단 [BPR] 버튼을 클릭하면 상당히 괜찮은 결과물을 확인할 수 있습니다.

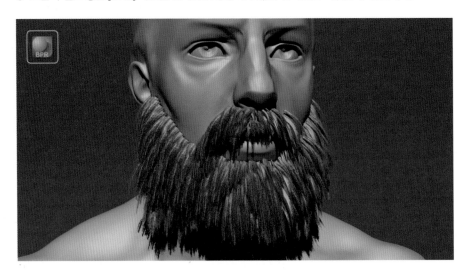

9 GoZ 플러그인을 이용하여 오브젝트를 3ds Max 프로그램으로 가져와서 적용한 결과입니다. UV 작업을 좀 수정해 주어야 하지만, 손쉽게 게임 리소스로 사용할 수 있는 머리카락과 털을 만들었습니다.

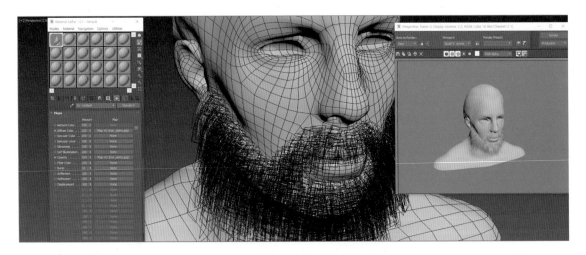

[FiberMesh] 기능은 리얼한 머리카락 또는 털을 만들 때 아주 유용하게 사용할 수 있는 기능입니다. 보통은 하이 폴리곤에 사용 하지만, 게임이 고사양 고퀄리티가 되어 가면서 인게임 데이터로도 충분히 활용 할 수 있는 기능으로 꼭 기억해 두시기 바랍니다.

2.7 **UV Master 기능**

[UV Master]는 ZBrush 프로그램에서 UV 작업을 하는 기능입니다. 3ds Max 프로그램에 비해 작업
공정이 간단하지만, 결과물이 정교하거나 세밀하게 표현되지는 않습니다. 예제를 통해 UV Master
에 대해 알아보겠습니다.

1 [LightBox] 패널에서 [DemoHead.ZPR] 오브젝트를 불러옵니다.

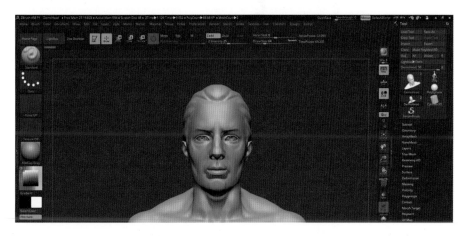

2 왼쪽 캔버스를 늘려 활용할 수 있습니다. 그림처럼 ❶번 아이콘을 클릭해서 캔버스를 늘립니다.
현재 [Material] 패널이 열려 있으면 ❷번 아이콘을 눌러 없애 줍니다.

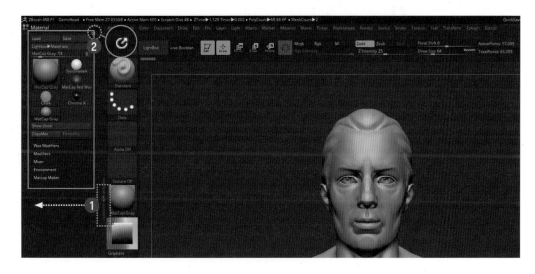

3 메뉴바에서 [Zplugin] 메뉴를 클릭하면 나타나는 [Zplugin] 아이콘을 드래그 앤 드롭으로 왼쪽 캔버스에 옮겨 놓습니다.

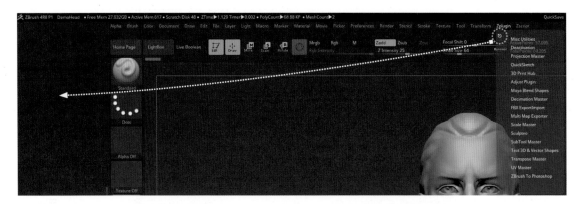

4 [Zplugin] 패널 아래 [UV Master] 메뉴들이 보이게 롤 아웃하여 엽니다.

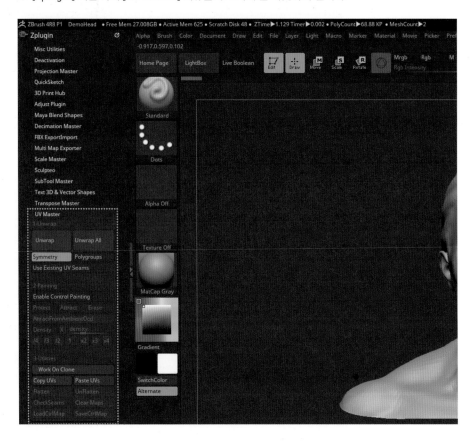

5 [UV Master]에서는 [Divide] 정보가 있는 데이터는 실행되지 않습니다. 그래서 [Work On Clone] 버튼을 클릭해서 [Divide] 정보가 없는 복사본을 만들어야 합니다. [Work On Clone] 버튼을 누르면 화면 오른쪽 [Tool] 패널에 [CL_DemoHead_opp]라는 복사본이 만들어집니다. 그리고 [DemoHead] 오브젝트는 [Divide] 정보가 없는 각진 상태가 되며 흰색으로 나타납니다.

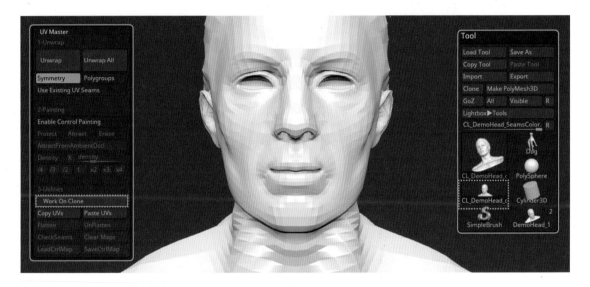

6 [UV Master]를 사용하는 방법은 간단합니다. [UV Master] 패널에서 [Unwrap] 버튼을 클릭하면 UV가 자동으로 펼쳐지며, [Flatten] 버튼을 클릭하면 UV 상태를 확인할 수 있습니다. [UnFlatten] 버튼을 클릭하면 다시 3D 모드로 돌아옵니다.

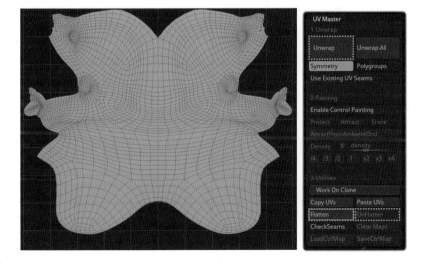

7　UV 모양이 고르지 않습니다. [UV Master] 패널에서 [CheckSeams] 버튼을 클릭하면 UV 재단선을 볼 수 있습니다. 얼굴 앞부분이 재단되었습니다.

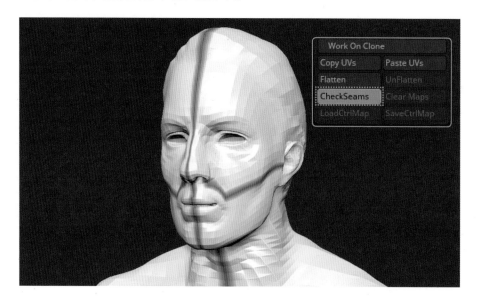

8　재단선을 수정하겠습니다. [UV Master] 패널에서 [Enable Control Painting] 버튼을 클릭합니다. 이 버튼은 재단선을 색칠하여 표시해 주는 기능입니다. [Protect] 버튼은 재단선이 없어야 할 부분을 정해 주며, 빨간색으로 나타납니다. [Attract] 버튼은 재단할 부분을 정해 주며, 파란색으로 나타납니다. [Erase] 버튼은 채색이 잘못된 부분을 지워 줍니다.

9 그림처럼 얼굴 앞부분은 [Protect] 버튼을 활성화해서 칠해 주고, 뒷통수 부분은 [Attract] 버튼을 활성화해 재단선을 표시해 줍니다.

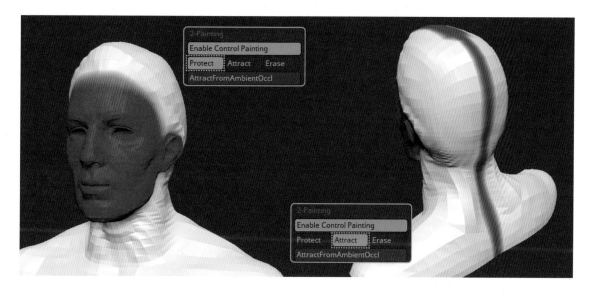

10 다시 [UV Master] 패널에서 [Unwrap] 버튼을 클릭하고 [Flatten] 버튼을 클릭해서 확인해 보면 그림과 같은 UV를 얻을 수 있습니다.

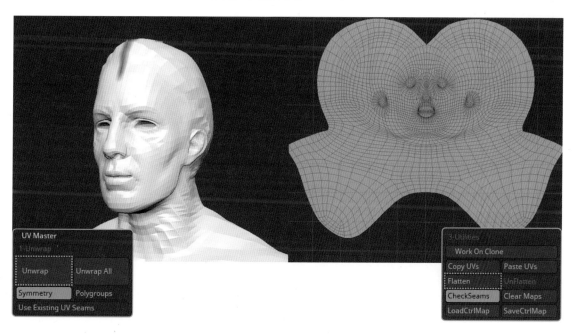

11   이제 작업한 UV를 원본에 복사하도록 하겠습니다.
[UV Master] 패널에서 [Copy UVs] 버튼을 클릭합니다.

12   화면 오른쪽 [Tool] 패널에서 원본 데이터인 [DemoHead_1] 오브젝트를 선택합니다. 그러면
[Divide] 정보가 있는 데이터가 화면에 나타납니다. [UV Master] 패널에서 [Paste UVs] 버튼을 클
릭해서 UV 정보를 복사해 줍니다.

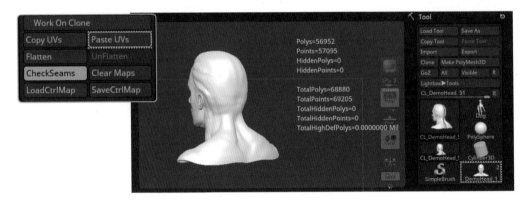

13   UV 정보가 제대로 복사되었는지 확인하겠습니다. [Tool] 패널 아래 [Texture Map]에서 네모칸
을 클릭하고 [Textures] 패널에서 [Textures19] 오브젝트를 선택합니다. 체크맵이 정사각형으로 적
용된 것을 확인할 수 있습니다.

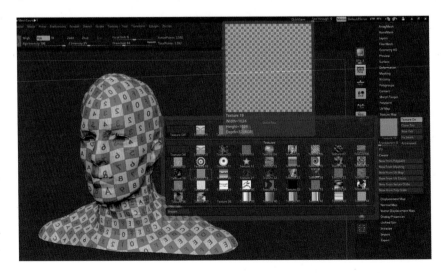

3D 오브젝트에 채색을 하려면 3D 오브젝트를 전개도로 펼쳐서 2D로 만드는 작업을 해야 합니다. 이 과정을 UV 작업이라고 합니다. 3ds Max에서는 [Unwrap], ZBrush에서는 [UV Master]라는 기능으로 작업을 합니다. UV 작업은 까다로운 과정이지만, ZBrush에서는 [UV Master]를 이용하여 자동으로 UV 작업을 수행할 수 있습니다. 하지만 정밀한 작업을 기대할 수는 없기 때문에 추후 3ds Max 등에서 수정 작업을 거쳐야 인게임 데이터로 쓸 수 있습니다.

2.8 **PolyPaint 기능**

[PolyPaint]는 ZBrush 프로그램에서 바로 채색해 디퓨즈맵을 만드는 기능입니다. 예제를 통해 [PolyPaint]에 대해 알아보겠습니다. 디퓨즈맵은 색과 빛 정보를 가지고 있는 맵소스입니다.

1 메뉴바에서 [File] → [Open]으로 예제 파일의 'Chapter01₩Section02' 폴더에 있는 [DemoHead_uv.ZPR] 파일을 불러옵니다. [UV Master]를 이용해 UV 작업을 한 데이터입니다. **채색 후 디퓨즈맵으로 추출하기 위해서는 UV 정보가 있어야 합니다.**

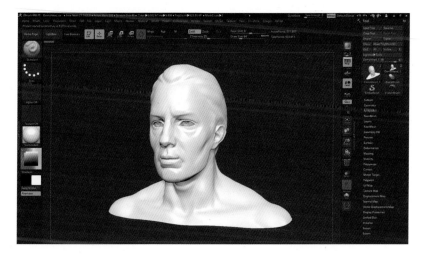

2 화면 왼쪽 셀프에서 색이 제대로 보이도록 [Material] 버튼을 클릭해서 재질을 [SkinShade4]로 지정합니다. 흰색 종이에 색을 칠해야 색이 제대로 보이는 것과 같은 원리입니다.

3 메뉴바에서 [Color] 메뉴의 [컬러 피커]에서 원하는 피부 기본색을 정하고 [FillObject] 버튼을 클릭해서 색을 채워 줍니다.

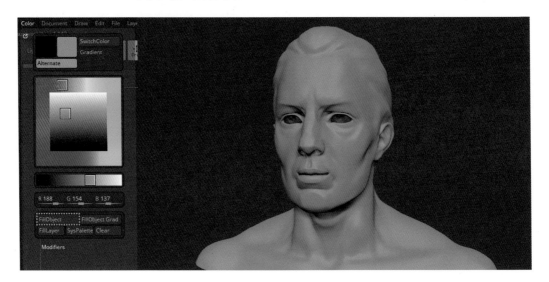

4 스컬핑이 되지 않도록 화면 위쪽 셸프에서 [Zadd] 버튼은 비활성화하고 [Rgb] 버튼을 활성화하여 색칠할 준비를 합니다. [Rgb] 버튼 아래에 있는 [Rgb Intensity]는 포토샵의 [Opacity]와 같이 불투명도를 조정하는 메뉴로, 값을 **10** 이하로 내리고 채색하는 것이 좋습니다.

5 기본적으로 세 가지 색을 사용한다고 생각하면 됩니다. 기본(Base)이 되는 색, 안으로 들어간 부분은 기본색보다 어두운 색, 밖으로 돌출된 부분은 기본색보다 밝은 색으로 칠해 주면 됩니다. 한번 선택한 색을 다시 선택하려면 원하는 색으로 칠한 부분에 커서를 대고 [C] 키를 클릭하면 됩니다. 포토샵의 스포이드 툴과 같습니다.

기본색	어두운 색	밝은 색

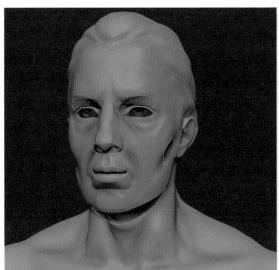
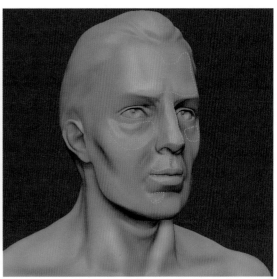

▸ 눈 밑, 턱 밑 등 파인 부분은 기본색보다 어두운 색으로 채색합니다.

▸ 광대, 이마, 코 등 돌출된 부분은 기본색보다 밝은 색으로 채색합니다.

6 기본적인 채색을 마쳤다면 좌측 셸프에서 [Stroke]는 [Spray]로 바꾸고 [Alpha]는 [Alpha23]으로 바꿉니다. 이렇게 바꾸고 채색하면 좀 더 자연스러운 질감을 표현할 수 있습니다. 특히 사람 피부와 같은 질감을 자연스럽게 표현할 수 있습니다.

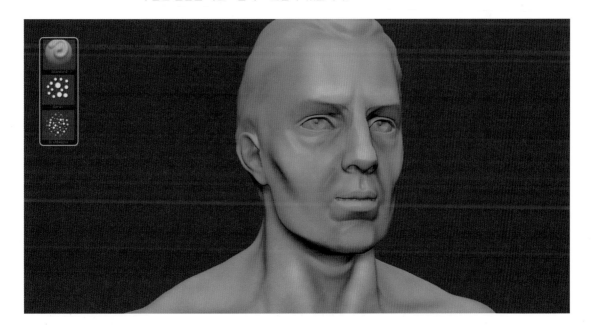

7 입술이나 머리카락 등도 채색해 줍니다. 손으로 직접 그리는 그림은 얼마나 시간을 들여 꼼꼼하게 채색하느냐에 따라 품질이 달라집니다. 책 특성상 채색은 여기까지만 설명하도록 하겠습니다.

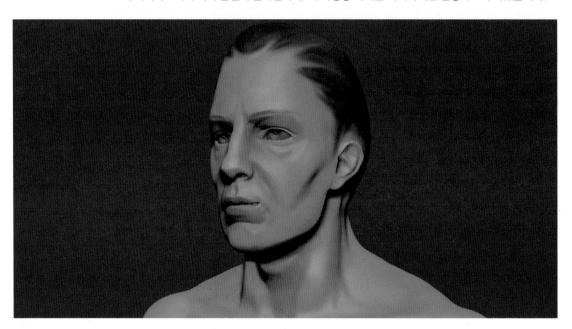

8 [PolyPaint] 기능으로 채색한 이미지를 2D 이미지로 만들겠습니다. 화면 오른쪽 [Tool] 패널 아래 [Texture Map] → [Create]에서 [New From Polypaint] 버튼을 클릭하면 [Texture]가 만들어지고, 디퓨즈맵이 완성됩니다. [Clone Txtr] 버튼을 클릭하면 왼쪽 [Texture Off]에 이미지가 복사됩니다.

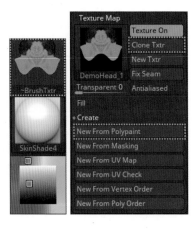

9 복사한 텍스처를 클릭한 다음 [Textures] 패널 왼쪽 아래에 있는 [Export] 버튼을 클릭해 이미지를 저장하여 디퓨즈맵을 만들 수 있습니다.

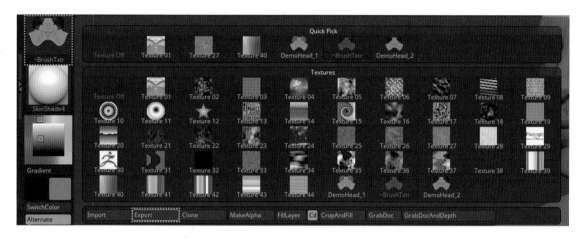

3D 오브젝트에 여러 가지 맵소스를 적용할 수 있습니다. 그중 가장 기본이 되는 맵소스가 디퓨즈맵으로 색과 빛 정보를 가지고 있는 맵소스입니다. 보통은 UV 작업한 이미지를 포토샵으로 그려서 제작하는 데 비해 [PolyPaint] 기능은 3D 오브젝트상에서 바로 채색을 할 수 있기 때문에 직관적이고 UV 경계선 부분을 훨씬 자연스럽게 채색할 수 있습니다.

2.9 Spotlight 기능

[PolyPaint]가 ZBrush 프로그램에서 손맵 기능이라면 [Spotlight]는 ZBrush 프로그램에서 실사맵을 만드는 기능입니다. 예제를 통해 [Spotlight]에 대해 알아보겠습니다.

1 [PolyPaint]와 같이 메뉴바에서 [File] → [Open]으로 예제 파일의 'Chapter01₩Section02' 폴더에 있는 [DemoHead_uv.ZPR] 파일을 불러옵니다.

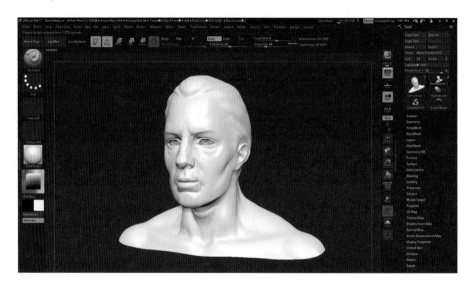

2 ZBrush 프로그램의 메뉴바에서 [Texture] 메뉴를 선택하면 나오는 패널에서 [Import] 버튼을 클릭하여 사용할 얼굴 사진을 불러옵니다. 구글에서 이미지를 검색하거나 직접 얼굴 사진을 찍어서 사용해도 됩니다. 여기서는 www.facity.com 사이트에서 이미지를 내려받아서 사용하겠습니다. 얼굴 사진을 불러와서 [Add To Spolight] 버튼(🖼)을 클릭합니다.

사진 이미지: Chapter01
└ Section02
└ facity.jpg

3 화면에 [Spotlight] 다이얼과 선택한 사진이 나타납니다. 사진을 클릭하여 얼굴 부분으로 옮깁니다. [Spotlight] 다이얼에서 [Scale] 아이콘(🔲)으로 크기를 맞추고 [Opacity] 아이콘(🔳)으로 투명도를 조절하여 오브젝트와 이미지가 겹쳐 보이도록 조절합니다. 일단 눈 부분부터 맞추어 줍니다.

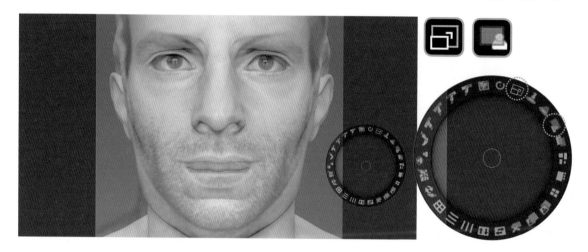

4 [Z] 키를 누르면 다이얼이 없어집니다. [PolyPaint]처럼 [Zadd] 버튼은 비활성화하고 [Rgb] 버튼을 활성화한 후 얼굴을 문지르면 사진이 얼굴에 입혀집니다. 반대편도 같이 매핑하려면 메뉴바에서 [Transform] 메뉴를 클릭하고 [Active Symmetry] 버튼을 활성화합니다. 다시 [Z] 키를 누르면 다이얼이 나타납니다. 위치와 크기를 조정하면서 그림을 그리듯이 코 부분과 입 부분도 매핑을 합니다. 매핑이 어느 정도 마무리되면 [Shift] + [Z] 키를 눌러 Spotlight 모드를 해제하고 오브젝트만 보이도록 하여 매핑이 제대로 되었는지 확인합니다.

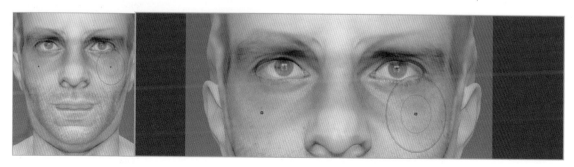

▸ [Zadd] 버튼은 비활성화하고 [Rgb] 버튼을 활성화한 후 얼굴을 문지르면 사진이 얼굴에 입혀집니다.

▸ 위치와 크기를 조절하면서 그림을 그리듯이 코 부분과 입 부분도 매핑을 합니다.

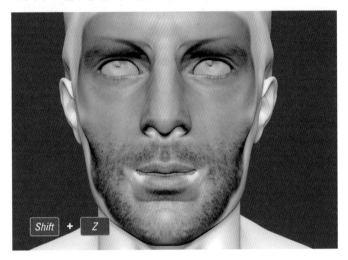

▸ 매핑이 어느 정도 마무리되면 [Shift] + [Z] 키를
눌러 Spotlight 모드를 해제하고 오브젝트만
보이도록 하여 매핑이 제대로 되었는지
확인합니다.

5 같은 방법으로 대각선을 향한 모습과 옆 모습도 매핑하도록 합니다. 대각선 사진이나 옆 모습 사
진이 있으면 훨씬 편하게 매핑할 수 있습니다.

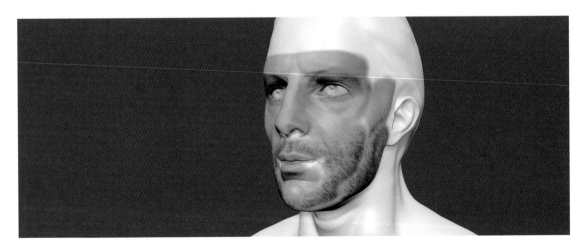

6 이미지가 제대로 칠해지지 않은 부분은 [PolyPaint]로 메워 줍니다. 충분한 시간을 들여 꼼꼼하게 채색해야 합니다. 완성된 이미지는 [PolyPaint]와 마찬가지로 화면 오른쪽 [Tool] 패널 아래 [Texture Map] → [Create]에서 [New From Polypaint] 버튼을 클릭해서 2D 이미지로 제작합니다. 이렇게 하면 디퓨즈맵이 만들어집니다.

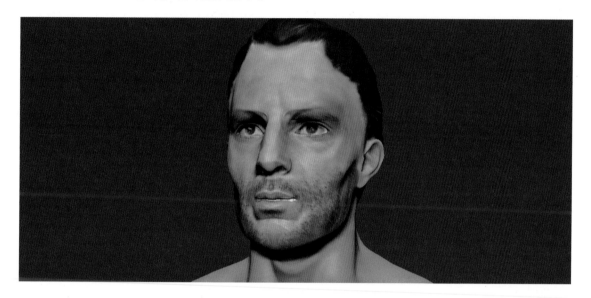

Spotlight 다이얼

[Spotlight] 다이얼은 ZBrush 프로그램에서 오브젝트 표면에 이미지를 투영해서 직접 칠할 수 있게 해 주는 3D 페인팅 툴입니다. 주요 기능을 설명하면 다음과 같습니다.

 Paint: [Spotlight] 다이얼을 이용해 [PolyPaint]를 사용할 때 적용되는 이미지의 강도를 정합니다.

 Rotate: 버튼을 클릭한 채로 드래그해서 이미지를 회전시킵니다.

 Scale: 버튼을 클릭한 채로 드래그해서 이미지의 크기를 조절합니다.

Pin Spotlight: 버튼을 클릭해 활성화한 상태로 이미지에서 원하는 부분을 클릭한 다음 위젯을 비활성화한 상태로 오브젝트 위에 드래그하면 클릭한 부분이 채색됩니다.

 Spotlight Radius : 해당 값이 **0**이고 위젯이 비활성화된 상태에서는 이미지 전체가 표시되지만, 값을 높이면 지정한 값만큼 브러시가 지나가는 자리에 이미지가 표시됩니다.

 Opacity: 버튼을 클릭한 채로 드래그해서 이미지의 투명도를 조절합니다.

 Fade: [Opacity]가 전체 이미지의 투명도를 조절한다면 [Fade]는 각 이미지의 투명도를 조절합니다. 여러 장의 이미지를 섞어 사용할 수 있습니다.

 Tile Proportional: [Spotlight] 다이얼에 두 개 이상의 이미지를 등록했을 때 이미지 크기 순으로 왼쪽에 정렬됩니다.

 Tile Selected: [Spotlight] 다이얼에 두 개 이상의 이미지를 등록했을 때 한 개의 이미지를 [Spotlight] 위젯에 활성화하고 [Tile Selected] 버튼을 클릭하면 나머지 이미지들은 아래쪽에 작게 정렬됩니다.

 Tile Unfied: [Spotlight] 다이얼에 두 개 이상의 이미지를 등록했을 때 같은 크기로 왼쪽에 정렬됩니다.

 Front: [Spotlight] 다이얼에 두 개 이상의 이미지를 등록했을 때 가려서 보이지 않는 이미지를 앞으로 이동시킵니다.

 Back: [Spotlight] 다이얼에 두 개 이상의 이미지를 등록했을 때 선택한 이미지를 뒤로 이동시킵니다.

 Delete: [Spotlight] 위젯에 올린 이미지를 지웁니다.

 Flip H: 선택한 이미지를 좌우 반전시킵니다.

 Flip V: 선택한 이미지를 상하 반전시킵니다.

 Tile H: 선택한 이미지를 지정한 값만큼 가로로 반복시킵니다.

 Tile V: 선택한 이미지를 지정한 값만큼 세로로 반복시킵니다.

 Grid: 값을 지정한 만큼 그리드가 표시됩니다.

 Restore: [Spotlight] 다이얼로 수정한 이미지를 원본으로 복구합니다.

 Nudge: 이미지를 변형합니다.

 Clone: 이미지를 복사합니다. 포토샵의 도장 툴과 유사합니다.

 Smudge: 이미지를 흐리게 만듭니다.

 Contrast: 이미지의 대비를 조절합니다.

 Saturation: 이미지의 채도를 조절합니다.

 Hue: 이미지의 색조를 조절합니다.

 Intensity: 이미지의 강도를 조절합니다.

🔔 실사 맵소스 제공 사이트

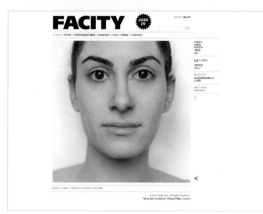

www.facity.com

▸ 전 세계 인종의 얼굴 사진을 다운받을 수 있는 무료
사이트입니다.

www.ftape.com/model

▸ 다양한 각도의 얼굴을 볼 수 있습니다. 해당 사이트에서는 직접
맵소스를 다운받기 보다는 인체 참고용 자료를 구할 수 있습니다.

www.3d.sk

▸ 인체뿐 아니라 맵소스 제작에 유용한 많은 이미지들을 제공하는
유료 사이트입니다.

www.textures.com

▸ 무료 사이트로 여러 종류의 텍스처가 종류별로 정리되어 있는
아주 유용한 사이트입니다.

www.texturify.com　　　　　　　www.texturehaven.com

▸ 무료 사이트로 여러 종류의 텍스처가 종류별로 정리되어 있는　　▸ PBR 텍스처를 무료로 제공하는 사이트입니다.
아주 유용한 사이트입니다.

[Spotlight]는 투영 텍스처링 기능으로 2D 이미지를 3D 오브젝트에 직접 매핑할 때 사용합니다. 직관적으로 실사맵을 매핑하기 위해서는 고화질의 2D 이미지가 필요합니다. **디지털카메라로 필요한 텍스처를 직접 찍는 것도 좋은 방법입니다.**

2.10 노멀맵과 AO맵

Normal Map은 Normal Bump Map의 약자입니다. Normal Map은 적은 수의 폴리곤으로도 높은 품질의 모델링이 가능하게 해 줍니다. AO맵은 Ambient Occlusion Map의 약자입니다. AO맵은 음영 처리된 이미지로 밝고 어두운 부분을 표시해 줍니다. AO맵은 여러 방법으로 활용이 가능해서 맵 소스로 유용합니다.

1 [Normal Map]은 메뉴바에서 [Tool] 패널의 [Normal Map]에서 [Create Normal Map] 버튼을 클릭하면 만들어집니다. 이때 [Tangent]와 [Adaptive], [SmoothUV], [SNormals], [FlipG] 버튼은 활성화해야 합니다. 그리고 [Tool] 패널의 [Geometry] 아래 [SDiv] 값은 **1**로 내려야 합니다.

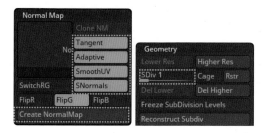

2 [Normal Map]이 만들어지면 [Clone NM] 버튼을 클릭합니다. 그러면 왼쪽 [Texture Off]에 이미지가 들어 오고 [Export] 버튼으로 이미지를 추출할 수 있습니다.

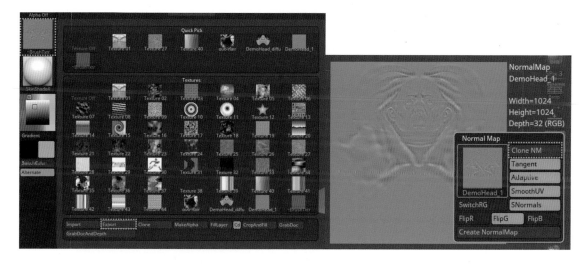

TIP

Adaptive: 세밀한 노멀맵을 추출합니다.

SmoothUV: 표면을 부드럽게 다듬어 줍니다.

SNormals: 노멀맵의 기본값이며, 활성화 시 SmoothNormal로 표면이 평평하게 추출됩니다.

Flip R, G, B: R, G, B 노멀맵을 반전해서 추출합니다.

SwitchRG: Tangent U인 Red와 Tangent V인 Green 채널을 바꾸어 줍니다.

3 AO맵은 메뉴바에서 [Tool] → [Masking] → [Mask By AO] → [Mask Ambient Occlusion] 버튼을 클릭하면 만들어집니다. [Occlusion Intensity] 값을 올리면 그림자가 짙어집니다. [AO Aperture] 값을 올리면 그림자 영역이 커집니다. [AO ScanDisk] 값은 기본 그대로 사용하시는 게 좋습니다.

4 앞서 작업한 AO맵은 [Texture Map] 패널의 [Create] 메뉴 아래에 있는 [New Form Masking] 버튼을 클릭하면 [Texture Map]에 만들어집니다. 노멀맵과 같은 방법으로 텍스처를 추출합니다.

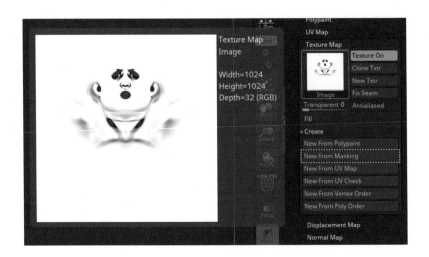

오브젝트

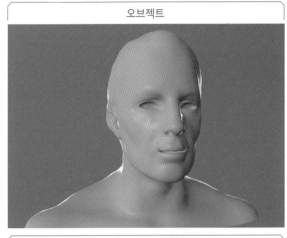

노멀맵은 적은 수의 폴리곤으로도 높은 퀄리티의 모델링을 가능하게 만드는 그래픽 기술이며, ZBrush에서는 UV 정보가 있는 하이 폴리곤 데이터로 간단히 추출할 수 있습니다. 하이 폴리곤, 즉 스컬핑 데이터가 세밀할수록 제대로 된 노멀맵을 얻을 수 있습니다.

AO맵은 게임 엔진에 따라 다르게 활용할 수 있습니다. AO맵을 직접 사용하기도 하고, 포토샵에서 디퓨즈맵과 합성하여 사용하기도 합니다. AO맵은 노멀맵과 마찬가지로 질 좋은 3D 작업 결과물을 얻기 위해 꼭 필요한 맵소스입니다.

오브젝트 + 디퓨즈맵

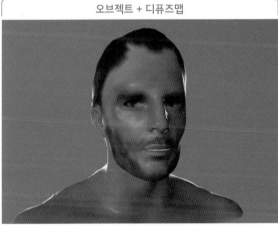

오브젝트 + 노멀맵

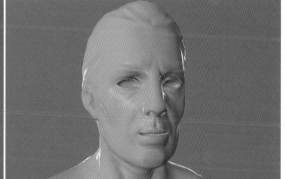

오브젝트 + AO맵

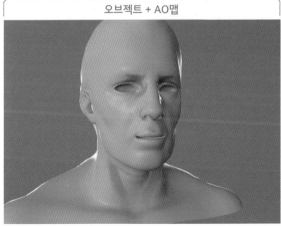

오브젝트 + 디퓨즈맵 + 노멀맵 + AO맵

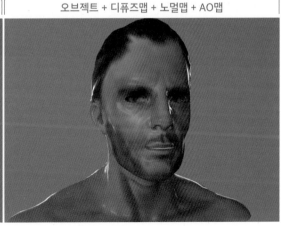

▶ 추출한 텍스처를 적용하는 방법은 챕터4에서 자세히 알아보겠습니다.

인게임 캐릭터 제작

　이 책에서는 기존의 작업 방식에서 벗어나, 새로운 파이프라인에 따라 인게임 데이터를 제작합니다. ZBrush에서 하이 폴리곤 데이터를 만들고, 면을 재분할하여 로우 폴리곤 데이터를 만듭니다. UV 작업은 ZBrush에서도 가능하지만, 좀 더 깔끔한 UV를 얻기 위해 3ds Max에서 진행합니다. 텍스처는 ZBrush에서 디퓨즈맵, AO맵, 캐비티맵, 노멀맵을 추출합니다.

　하이 폴리곤 작업을 하려면 인체 근육을 이해해야 합니다. 인간이 아닌 캐릭터를 만들더라도 인체 근육과 뼈의 구조를 기반으로 창조하기 때문입니다. 디자인적으로 높이 평가받는 헐리우드 영화 《에일리언》도 인체 구조에서 캐릭터의 디자인이 파생되었습니다.

　하이 폴리곤을 로우 폴리곤으로 제작할 때는 [Topology] 기능을 주로 사용합니다. 하지만 이 책에서는 [Zremesher] 기능을 소개하였습니다. 이 기능을 사용하면 자동으로 로우 폴리곤을 생성할 수 있습니다. 디퓨즈맵은 Zbrush의 [Polypaint] 기능으로 오브젝트를 직접 채색할 수 있어서 포토샵보다 작업하기 쉽고, 직관적입니다.

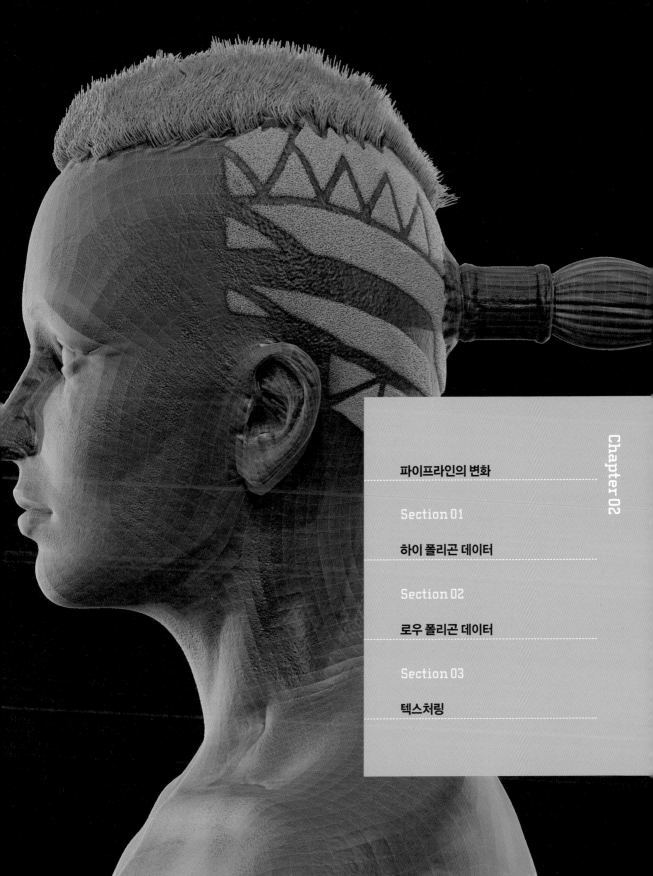

Chapter 02

파이프라인의 변화

Section 01

하이 폴리곤 데이터

Section 02

로우 폴리곤 데이터

Section 03

텍스처링

파이프라인의 변화

과거에 인게임 캐릭터를 제작하는 파이프라인, 즉 작업 공정은 다음과 같았습니다.

이와 같이 비교적 간단했었습니다.

그러다가 노멀맵을 사용하면서 다음과 같이 파이프라인이 바뀌었습니다.

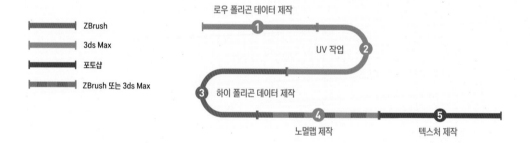

한동안 이 파이프라인으로 인게임 캐릭터를 제작하였습니다.

그러나 게임이 점점 고사양, 고품질이 되고 새로운 기술이 등장하면서 현재는 파이프라인이 다음과 같이 아주 복잡해졌습니다.

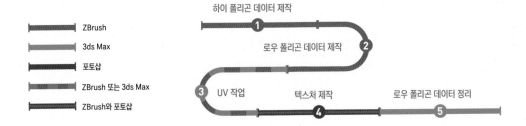

이제 ZBrush 프로그램은 인게임 캐릭터 제작에서 보조 툴의 역할을 넘어 필수 제작 툴로 자리매김 하였습니다. 이번 챕터에서는 게임 업계에 새로 도입된 파이프라인에 따라 실제 게임에서 사용되는 캐릭터 소스를 제작해 보겠습니다.

이번에 설명할 파이프라인은 절대적으로 따라야 할 공정은 아닙니다. 회사나 크리에이터에 따라 다른 방식으로 작업할 수 있습니다. 또한, Substance Painter 프로그램이 등장하면서 많은 작업에서 이 프로그램을 활용합니다. 하지만 이 책의 특성상 ZBrush 프로그램에 중점을 두고 설명하고자 합니다. 따라서 이 책에서는 다음과 같은 파이프라인에 따라 게임 캐릭터 리소스를 제작합니다.

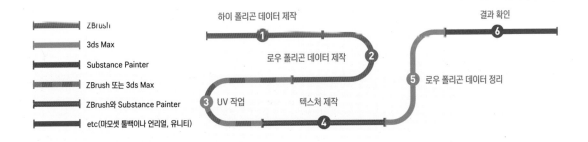

SECTION 01

하이 폴리곤 데이터

이번 섹션에서는 앞서 설명한 파이프라인의 첫 단계인 하이 폴리곤 데이터 제작을 ZBrush 프로그램으로 진행하겠습니다. IMM 브러시를 이용하면 원하는 형태의 사람 캐릭터를 쉽게 만들 수 있습니다.

1.1 IMM BParts 브러시와 DynaMesh를 이용하여 기본 형태 잡기

IMM BParts 브러시는 인체 캐릭터 제작에 필요한 각 파트를 제공합니다. IMM BParts 브러시에서 제공하는 각 인체 파트를 조합하여 하이 폴리곤 데이터를 제작하겠습니다. 이때 [DynaMesh] 기능을 사용하겠습니다.

얼굴

얼굴부터 시작하겠습니다. 크리에이터에 따라 몸통을 먼저 작업하는 경우도 있는데 보통은 얼굴부터 작업하고 얼굴을 기준으로 몸통을 작업하는 게 좋습니다.

1 [LightBox]의 [Project] 탭에 있는 [DemoHeadFemale] 오브젝트를 선택해서 더블클릭합니다.

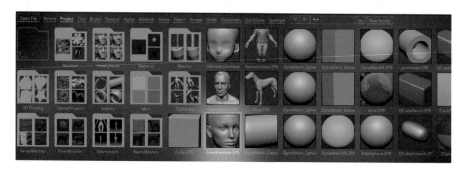

2 [LightBox]는 사라지고 얼굴 모델이 나타납니다. 여기에 차례로 몸통과 팔, 다리를 추가하겠습니다.

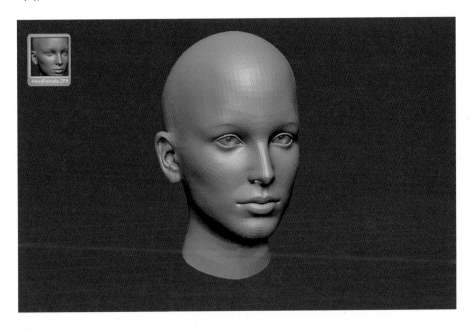

3 먼저 왼쪽 위에 있는 Standard 브러시를 클릭해서 브러시를 바꾸겠습니다. Standard 브러시를 클릭하고 IMM BParts 브러시를 선택합니다.

몸통

다음으로 얼굴에 몸통을 추가하겠습니다. 비율을 잘 생각해서 작업을 진행하도록 합니다.

1 브러시 오른쪽으로 IMM BParts 브러시에서 제공하는 브러시 중에서 Female Torso 브러시를 선택해서 커서를 얼굴 앞쪽에 두고 드래그하면 몸통이 만들어집니다.

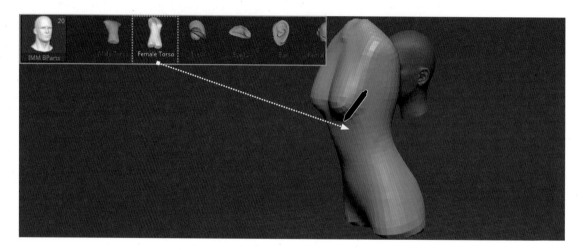

2 이때 이미 만들어져 있던 얼굴은 마스킹되면서 짙은 색으로 변하고 몸통만 편집이 가능한 상태가 됩니다. 화면 왼쪽 위에 있는 [Rotate] 버튼을 클릭하고 몸통을 얼굴에 맞추어 돌려 보겠습니다. 4R8 버전부터는 이동(Move 모드)과 확대/축소(Scale 모드), 회전(Rotate 모드) 방법이 3ds Max와 유사하게 바뀌어서 이전 버전에 비해 오브젝트를 편집하기가 훨씬 편해졌습니다.

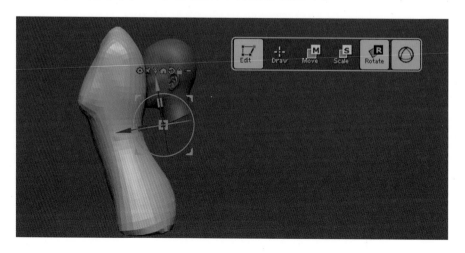

3 그림처럼 몸통을 회전시킵니다.

4 화면 왼쪽 위 [Move] 버튼을 클릭해서 [Gizmo 3D]의 네 모서리에 마우스(또는 펜)를 대고 움직여 몸통의 위치를 조정해 줍니다.

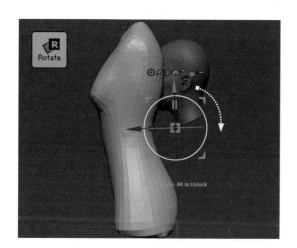

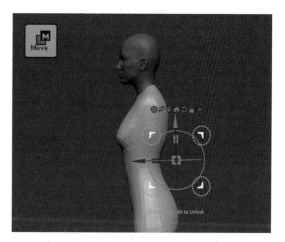

5 확대나 축소 역시 화면 왼쪽 위 [Scale] 버튼을 클릭해서 [Gizmo 3D]를 사용하여 적당히 맞추어 줍니다. 참고로 화살표 방향선과 네 모서리는 Move 모드, 곡선은 Rotate 모드, 네모 방향선은 Scale 모드입니다. 조정이 끝났으면 [Ctrl] 키를 누른 상태에서 펜으로 클릭하여 캔버스의 빈 공간을 드래그하면 마스킹이 해제됩니다.

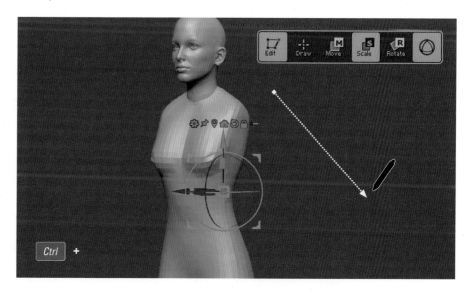

팔과 다리

계속해서 팔과 다리를 추가하겠습니다.

1 앞서 작업하던 모드에서 Draw 모드로 전환합니다. [Draw] 버튼이 활성화되어 있으면 Draw 모드입니다. 그리고 IMM BParts 브러시에서 MaleFullArm 브러시를 선택하여 몸통과 같은 방법으로 만들어 줍니다. 전사 캐릭터를 만들 예정이므로 FemaleFullArm 브러시로 만든 팔은 너무 얇아서 어울리지 않습니다.

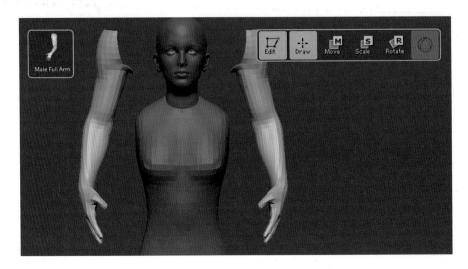

2 몸통과 마찬가지로 [Gizmo 3D]를 사용해서 팔을 회전시키고 크기와 위치를 조절해 줍니다.

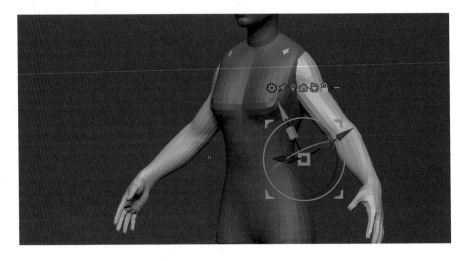

3 다리 역시 IMM BParts 브러시에서 MaleFullLeg 브러시를 선택하여 만듭니다. 팔처럼 다리도 회전시키고 크기와 위치를 조정합니다. 몸통보다 팔과 다리의 위치와 크기를 맞추는 것이 조금 어렵기 때문에 연습이 필요합니다.

4 앞에서 만든 오브젝트가 각져 보이므로 부드럽게 만들어 보겠습니다. [Tool] 패널에서 [Geometry] 메뉴 아래의 [Divide] 버튼을 세 번 클릭해서 [SDiv] 값을 **3**으로 하면 면이 부드럽게 다듬어집니다.

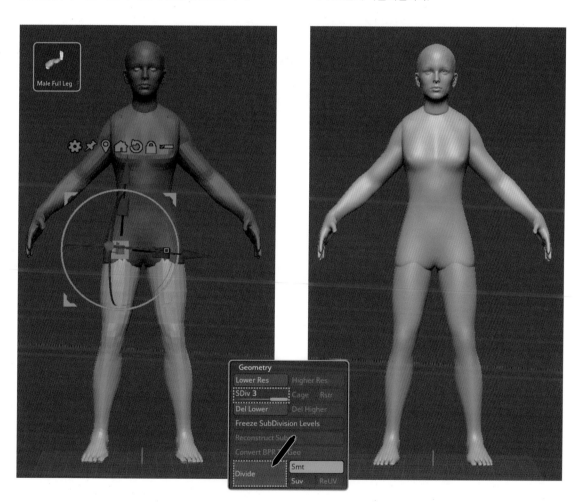

오브젝트 병합

이제 캐릭터의 기본 형태가 완성되었습니다. 하지만 지금 만든 모델은 몸의 각 부분이 분리되어 있습니다. 모델의 몸을 하나의 오브젝트로 병합하겠습니다.

1 [Tool] 패널에서 [Geometry] 패널의 [DynaMesh] 버튼 아래에 있는 [Resolution] 값을 **128**에서 **512**로 바꾸어 주고 [DynaMesh] 버튼을 클릭합니다. 컴퓨터 사양에 따라 값을 **256**이나 **128** 그대로 두고 진행해도 됩니다.

2 경고창이 뜨면 [NO] 버튼을 클릭해서 Subdivision Level을 유지해 줍니다. 이렇게 하면 부드럽게 만든 상태로 모델이 유지됩니다.

3 이제 브러시를 다시 Standard 브러시로 바꾸고 [Shift] 키를 누른 상태에서 목과 몸통 연결 부위를 문질러 주면 그림처럼 부드럽게 연결됩니다.

연결 전	연결 후

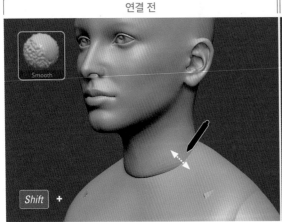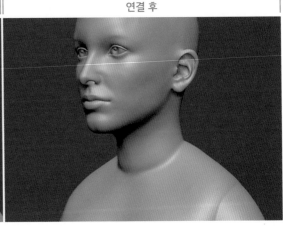

4 나머지 팔과 다리의 연결 부위도 부드럽게 만들어 줍니다.

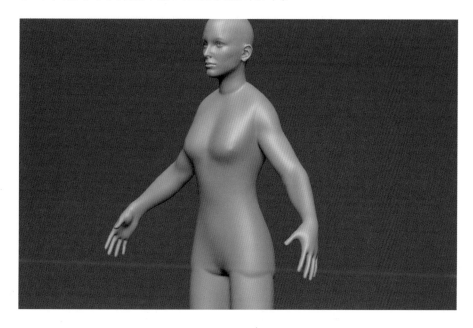

5 브러시를 Move 브러시로 바꿉니다. 그런 다음 어깨 부분을 스컬핑해서 아래 그림과 같이 형태를 만들어 줍니다.

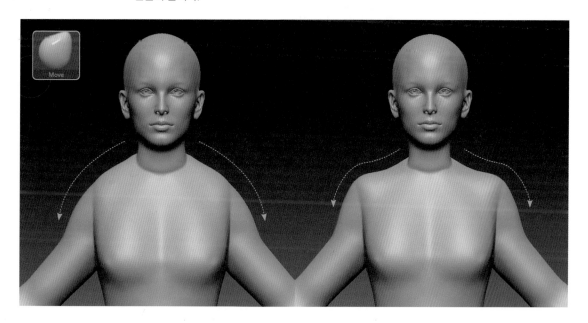

6 허리에도 곡선을 만들어 줍니다. 가슴은 추후에 수정할 예정이라 밋밋하게만 만들면 됩니다. 여기까지 만들면 대강의 형태가 잡힙니다. 추후 어색한 부분을 조금씩 수정하도록 하겠습니다.

앞면	옆면

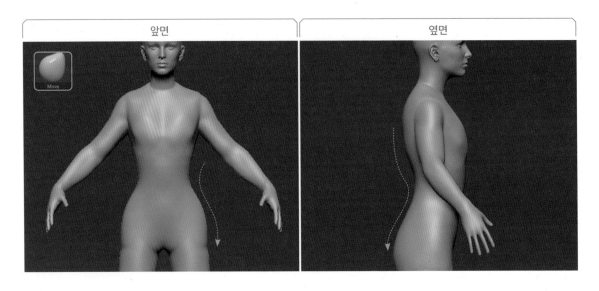

TIP

오른쪽 셀프에서 [Dynamic Persp] 버튼을 비활성화하면 투시 효과가 사라져 정면과 옆면을 정확하게 확인할 수 있습니다.

IMM BParts 브러시를 이용하면 인체 기본형을 쉽게 만들수 있습니다. 각 파트를 원하는 곳에 붙이는 연습이 필요합니다.

바로 [DynaMesh] 기능을 적용하지 않고 [Divide] 기능을 적용하는 과정을 거치는 이유는 각져 보이는 오브젝트를 부드럽게 하기 위한 팁입니다. 기억해 두시기 바랍니다.

1.2 인체 근육 이해하기

캐릭터 모델링의 기본은 인체 구조에 대한 이해입니다. 인체는 복잡하고 세밀한 구조로 이루어져 있으며, 미적으로도 뛰어납니다. 실제감 있는 인게임 캐릭터를 만들기 위해서는 기본적인 인체 구조, 즉 뼈와 근육에 대해 이해하고 있어야 합니다. 지금부터 대략적인 근육 구조에 대해 알아보겠습니다.

CrayBuildup 브러시로 스컬핑하면서 돌출된 뼈와 근육에 대해 알아보겠습니다. 이 브러시는 근육의 결을 표현할 때 유용합니다.

 화면 위쪽 셸프 가운데서 브러시의 [Z Intensity] 값을 **10 이하**로 설정하고 근육결을 표현하도록 하겠습니다. 예제에서는 **5**로 설정했습니다.

몸통 앞부분

몸통 앞부분은 목빗근, 빗장뼈, 큰가슴근, 배곧은근, 외복사근, 앞톱니근, 서혜부로 구성되어 있습니다.

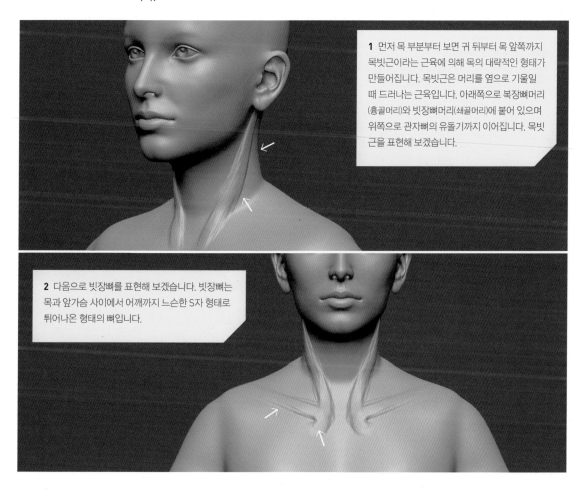

1 먼저 목 부분부터 보면 귀 뒤부터 목 앞쪽까지 목빗근이라는 근육에 의해 목의 대략적인 형태가 만들어집니다. 목빗근은 머리를 옆으로 기울일 때 드러나는 근육입니다. 아래쪽으로 복장뼈머리(흉골머리)와 빗장뼈머리(쇄골머리)에 붙어 있으며 위쪽으로 관자뼈의 유돌기까지 이어집니다. 목빗근을 표현해 보겠습니다.

2 다음으로 빗장뼈를 표현해 보겠습니다. 빗장뼈는 목과 앞가슴 사이에서 어깨까지 느슨한 S자 형태로 튀어나온 형태의 뼈입니다.

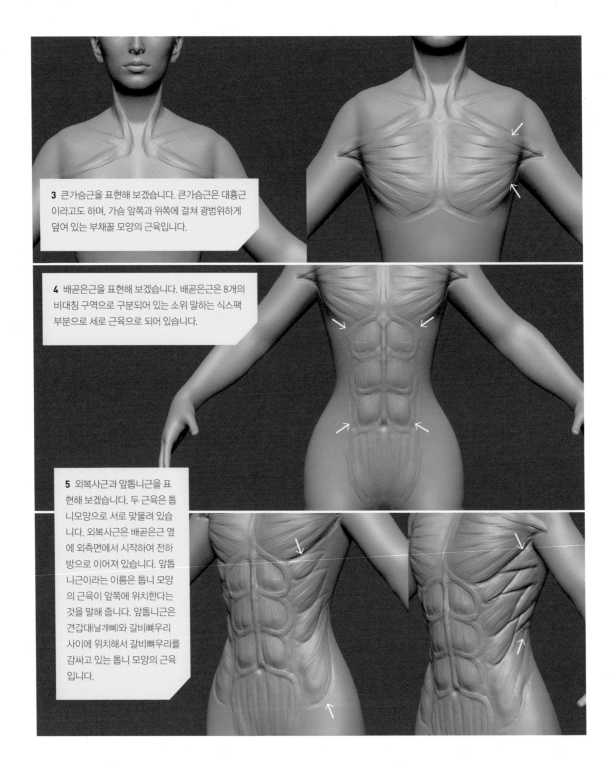

3 큰가슴근을 표현해 보겠습니다. 큰가슴근은 대흉근 이라고도 하며, 가슴 앞쪽과 위쪽에 걸쳐 광범위하게 덮여 있는 부채꼴 모양의 근육입니다.

4 배곧은근을 표현해 보겠습니다. 배곧은근은 8개의 비대칭 구역으로 구분되어 있는 소위 말하는 식스팩 부분으로 세로 근육으로 되어 있습니다.

5 외복사근과 앞톱니근을 표 현해 보겠습니다. 두 근육은 톱 니모양으로 서로 맞물려 있습 니다. 외복사근은 배곧은근 옆 에 외측면에서 시작하여 전하 방으로 이어져 있습니다. 앞톱 니근이라는 이름은 톱니 모양 의 근육이 앞쪽에 위치한다는 것을 말해 줍니다. 앞톱니근은 견갑대(날개뼈)와 갈비뼈우리 사이에 위치해서 갈비뼈우리를 감싸고 있는 톱니 모양의 근육 입니다.

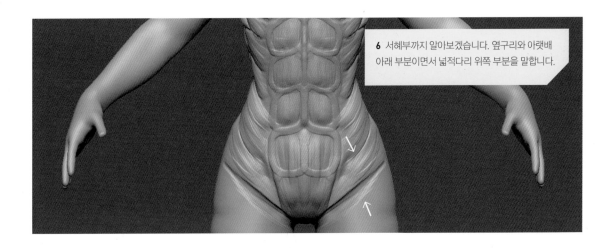

6 서혜부까지 알아보겠습니다. 옆구리와 아랫배 아래 부분이면서 넓적다리 위쪽 부분을 말합니다.

몸통 뒷부분

몸통 뒷부분에서는 등세모근(승모근), 삼각근의 모양과 위치에 대해 알아보겠습니다.

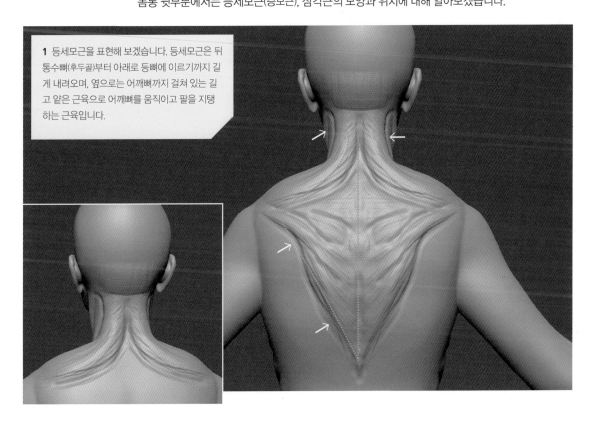

1 등세모근을 표현해 보겠습니다. 등세모근은 뒤통수뼈(후두골)부터 아래로 등뼈에 이르기까지 길게 내려오며, 옆으로는 어깨뼈까지 걸쳐 있는 길고 얇은 근육으로 어깨뼈를 움직이고 팔을 지탱하는 근육입니다.

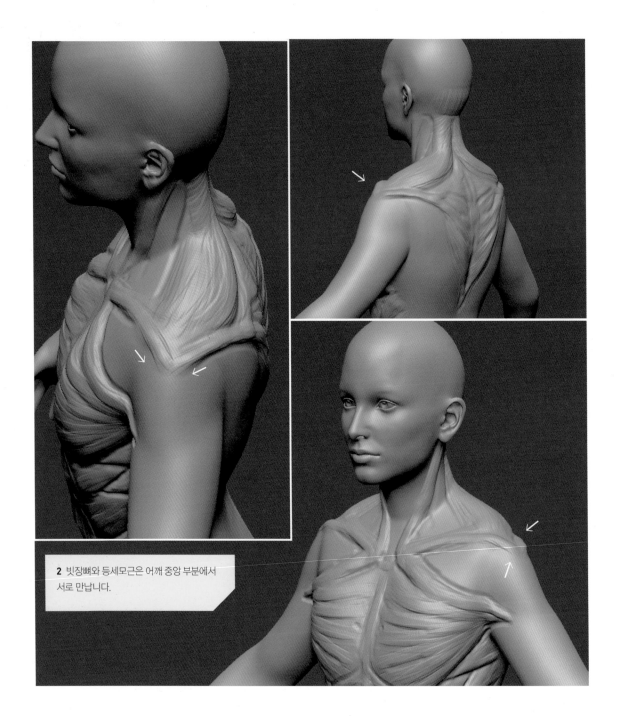

2 빗장뼈와 등세모근은 어깨 중앙 부분에서 서로 만납니다.

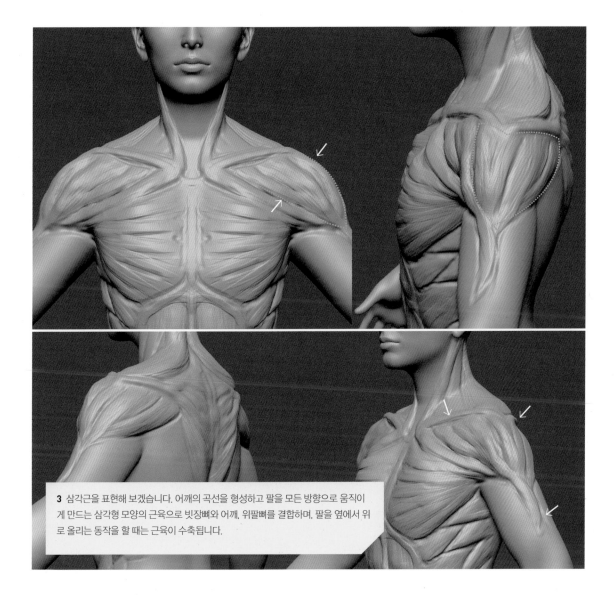

3 삼각근을 표현해 보겠습니다. 어깨의 곡선을 형성하고 팔을 모든 방향으로 움직이게 만드는 삼각형 모양의 근육으로 빗장뼈와 어깨, 위팔뼈를 결합하며, 팔을 옆에서 위로 올리는 동작을 할 때는 근육이 수축됩니다.

목과 등

어깨목뿔근, 목장목뿔근, 넓은등근, 작은원근, 큰원근, 가시아래근, 큰볼기근의 위치와 형태에 대해
알아보겠습니다.

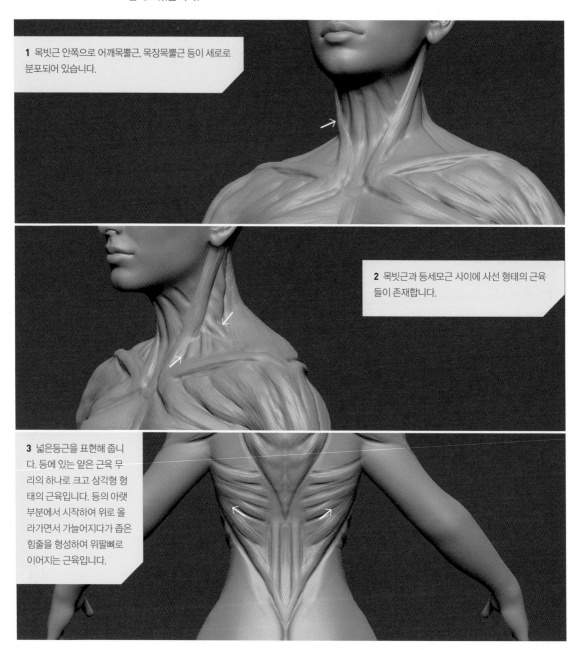

1 목빗근 안쪽으로 어깨목뿔근, 목장목뿔근 등이 세로로
분포되어 있습니다.

2 목빗근과 등세모근 사이에 사선 형태의 근육
들이 존재합니다.

3 넓은등근을 표현해 줍니
다. 등에 있는 얕은 근육 무
리의 하나로 크고 삼각형 형
태의 근육입니다. 등의 아랫
부분에서 시작하여 위로 올
라가면서 가늘어지다가 좁은
힘줄을 형성하여 위팔뼈로
이어지는 근육입니다.

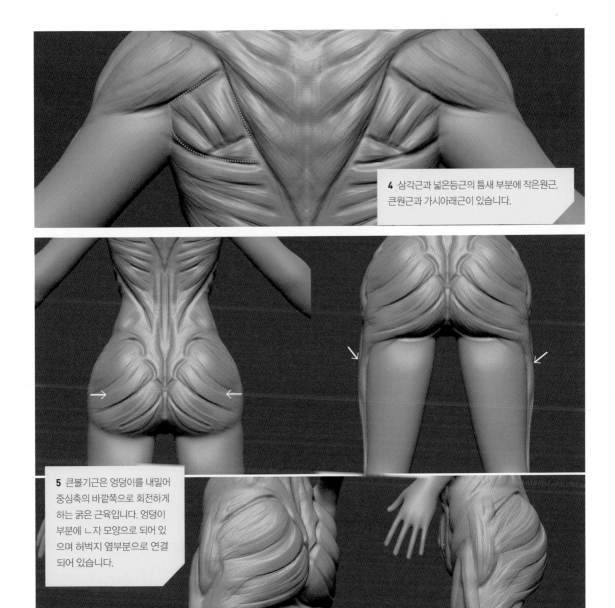

4 .삼각근과 넓은등근의 틈새 부분에 작은원근, 큰원근과 가시아래근이 있습니다.

5 큰볼기근은 엉덩이를 내밀어 중심축의 바깥쪽으로 회전하게 하는 굵은 근육입니다. 엉덩이 부분에 ㄴ자 모양으로 되어 있 으며 허벅지 옆부분으로 연결 되어 있습니다.

다리

다리 부분은 넙다리빗근, 넙다리근막긴장근, 긴모음근, 넙다리빗근, 넙다리곧은근, 안쪽넓은근, 가쪽넓은근, 정강이뼈를 따라 앞정강근, 가자미근, 긴발가락폄근, 장딴지근 등 많은 근육들이 있습니다.

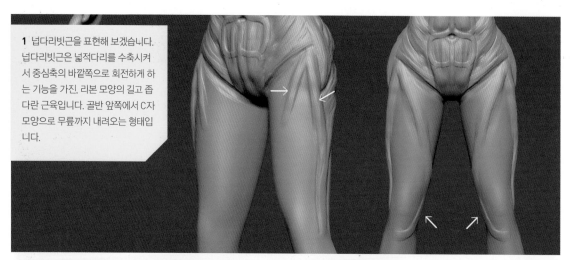

1 넙다리빗근을 표현해 보겠습니다. 넙다리빗근은 넓적다리를 수축시켜서 중심축의 바깥쪽으로 회전하게 하는 기능을 가진, 리본 모양의 길고 좁다란 근육입니다. 골반 앞쪽에서 C자 모양으로 무릎까지 내려오는 형태입니다.

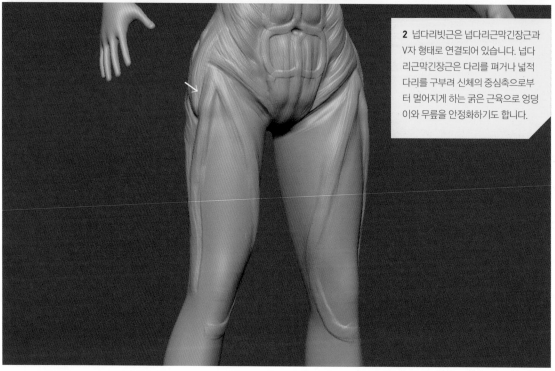

2 넙다리빗근은 넙다리근막긴장근과 V자 형태로 연결되어 있습니다. 넙다리근막긴장근은 다리를 펴거나 넓적다리를 구부려 신체의 중심축으로부터 멀어지게 하는 굵은 근육으로 엉덩이와 무릎을 안정화하기도 합니다.

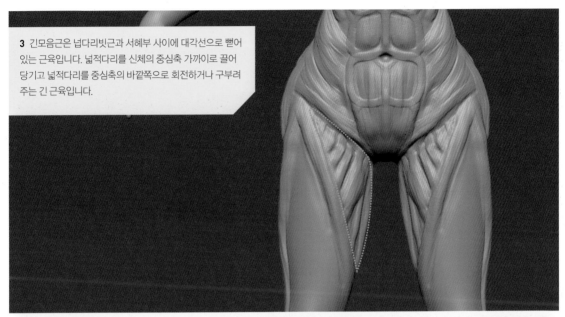

3 긴모음근은 넙다리빗근과 서혜부 사이에 대각선으로 뻗어 있는 근육입니다. 넓적다리를 신체의 중심축 가까이로 끌어 당기고 넓적다리를 중심축의 바깥쪽으로 회전하거나 구부려 주는 긴 근육입니다.

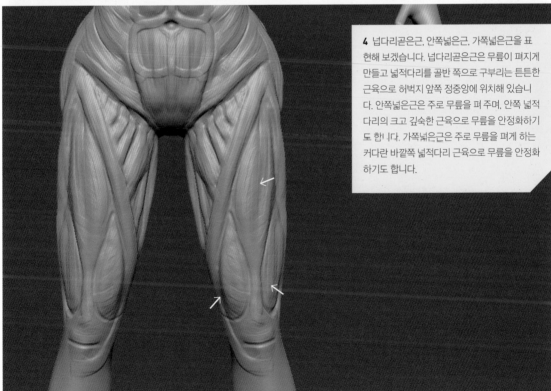

4 넙다리곧은근, 안쪽넓은근, 가쪽넓은근을 표현해 보겠습니다. 넙다리곧은근은 무릎이 펴지게 만들고 넓적다리를 골반 쪽으로 구부리는 튼튼한 근육으로 허벅지 앞쪽 정중앙에 위치해 있습니다. 안쪽넓은근은 주로 무릎을 펴 주며, 안쪽 넓적다리의 크고 깊숙한 근육으로 무릎을 안정화하기도 합니다. 가쪽넓은근은 주로 무릎을 펴게 하는 커다란 바깥쪽 넓적다리 근육으로 무릎을 안정화하기도 합니다.

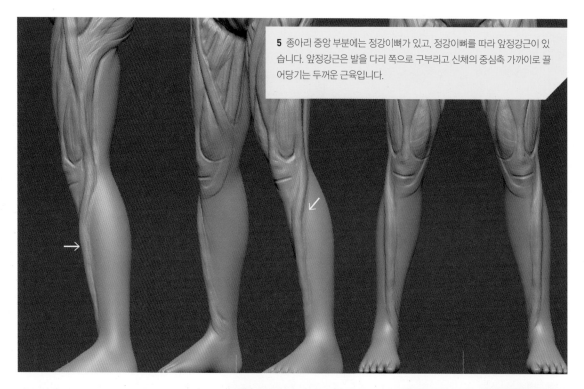

5 종아리 중앙 부분에는 정강이뼈가 있고, 정강이뼈를 따라 앞정강근이 있습니다. 앞정강근은 발을 다리 쪽으로 구부리고 신체의 중심축 가까이로 끌어당기는 두꺼운 근육입니다.

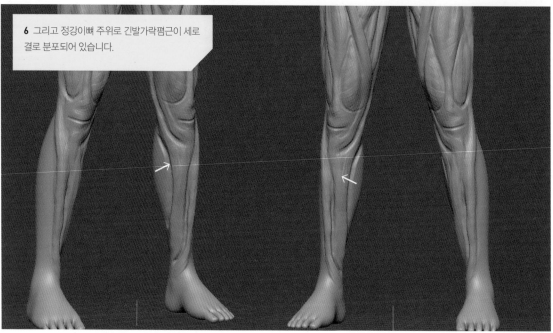

6 그리고 정강이뼈 주위로 긴발가락폄근이 세로 결로 분포되어 있습니다.

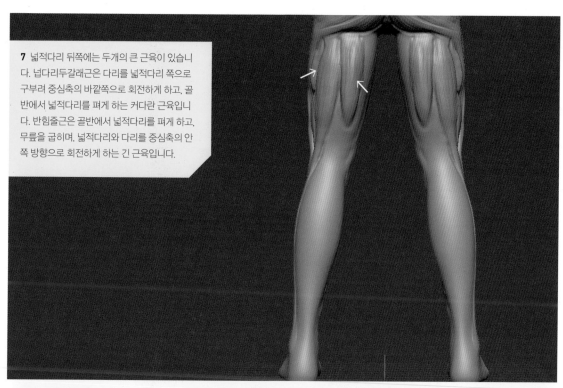

7 넓적다리 뒤쪽에는 두개의 큰 근육이 있습니다. 넙다리두갈래근은 다리를 넓적다리 쪽으로 구부려 중심축의 바깥쪽으로 회전하게 하고, 골반에서 넓적다리를 펴게 하는 커다란 근육입니다. 반힘줄근은 골반에서 넓적다리를 펴게 하고, 무릎을 굽히며, 넓적다리와 다리를 중심축의 안쪽 방향으로 회전하게 하는 긴 근육입니다.

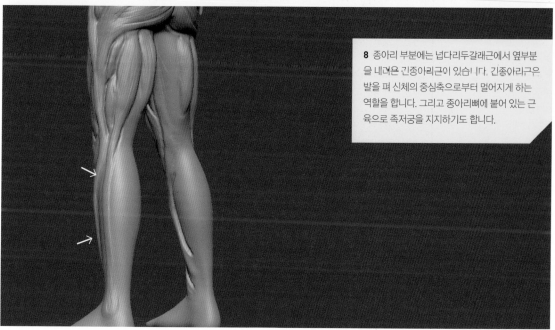

8 종아리 부분에는 넙다리두갈래근에서 옆부분을 내려온 긴종아리근이 있습니다. 긴종아리근은 발을 펴 신체의 중심축으로부터 멀어지게 하는 역할을 합니다. 그리고 종아리뼈에 붙어 있는 근육으로 족저궁을 지지하기도 합니다.

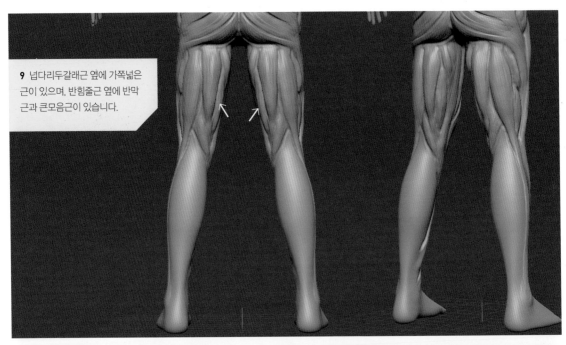

9 넙다리두갈래근 옆에 가쪽넓은 근이 있으며, 반힘줄근 옆에 반막근과 큰모음근이 있습니다.

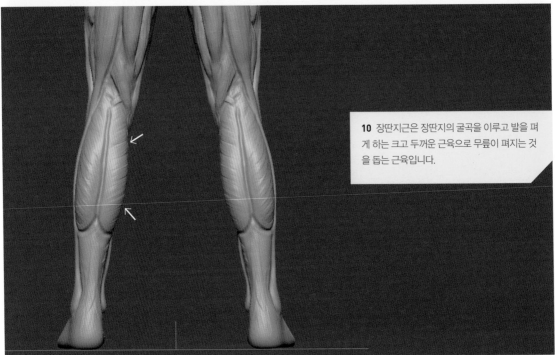

10 장딴지근은 장딴지의 굴곡을 이루고 발을 펴게 하는 크고 두꺼운 근육으로 무릎이 펴지는 것을 돕는 근육입니다.

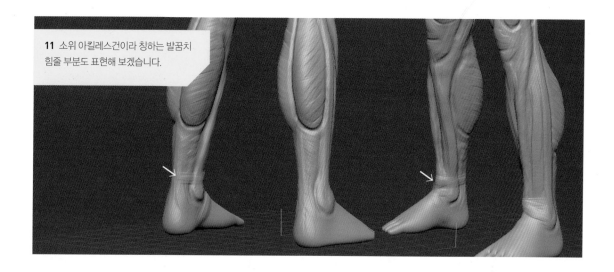

11 소위 아킬레스건이라 칭하는 발꿈치 힘줄 부분도 표현해 보겠습니다.

팔

팔 부분에도 위팔두갈래근, 위팔노근, 긴손바닥근, 원엎침근, 위팔세갈래근, 손가락폄근, 자쪽손목폄근, 자쪽손목굽힘근 등의 많은 근육들이 있습니다.

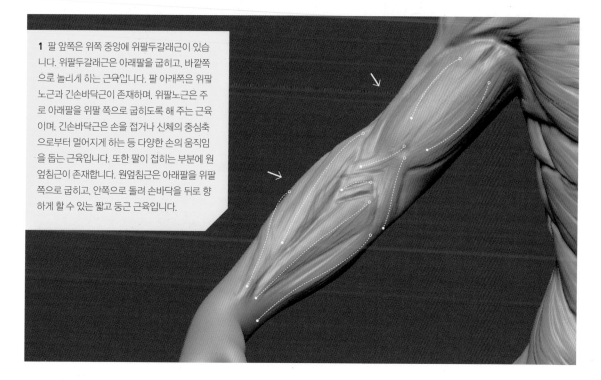

1 팔 앞쪽은 위쪽 중앙에 위팔두갈래근이 있습니다. 위팔두갈래근은 아래팔을 굽히고, 바깥쪽으로 놀리게 하는 근육입니다. 팔 아래쪽은 위팔노근과 긴손바닥근이 존재하며, 위팔노근은 주로 아래팔을 위팔 쪽으로 굽히도록 해 주는 근육이며, 긴손바닥근은 손을 접거나 신체의 중심축으로부터 멀어지게 하는 등 다양한 손의 움직임을 돕는 근육입니다. 또한 팔이 접히는 부분에 원엎침근이 존재합니다. 원엎침근은 아래팔을 위팔쪽으로 굽히고, 안쪽으로 돌려 손바닥을 뒤로 향하게 할 수 있는 짧고 둥근 근육입니다.

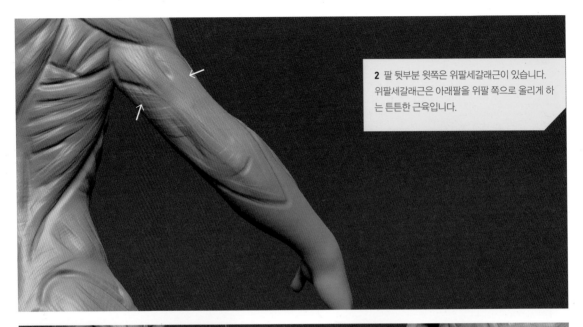

2 팔 뒷부분 윗쪽은 위팔세갈래근이 있습니다. 위팔세갈래근은 아래팔을 위팔 쪽으로 올리게 하는 튼튼한 근육입니다.

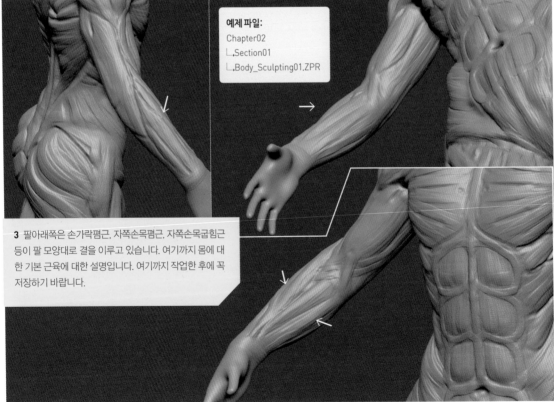

예제 파일:
Chapter02
└,Section01
└,Body_Sculpting01.ZPR

3 팔아래쪽은 손가락폄근, 자쪽손목폄근, 자쪽손목굽힘근 등이 팔 모양대로 결을 이루고 있습니다. 여기까지 몸에 대한 기본 근육에 대한 설명입니다. 여기까지 작업한 후에 꼭 저장하기 바랍니다.

얼굴

얼굴 근육에 대해 알아보겠습니다. 얼굴 근육은 몸과 달리 근육이 얇아서 얼굴에 드러나지는 않습니다. 얼굴 근육은 거의 스컬핑하지 않지만, 몸과 마찬가지로 스컬핑 시 참고하시면 됩니다.

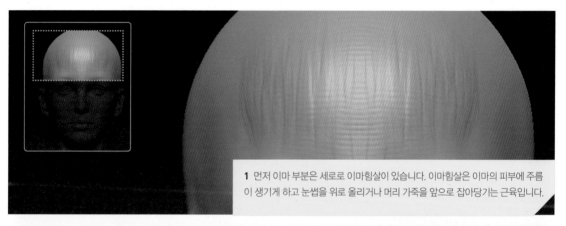

1 먼저 이마 부분은 세로로 이마힘살이 있습니다. 이마힘살은 이마의 피부에 주름이 생기게 하고 눈썹을 위로 올리거나 머리 가죽을 앞으로 잡아당기는 근육입니다.

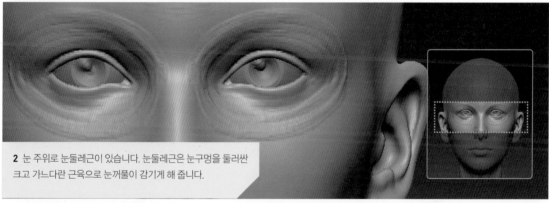

2 눈 주위로 눈둘레근이 있습니다. 눈둘레근은 눈구멍을 둘러싼 크고 가느다란 근육으로 눈꺼풀이 감기게 해 줍니다.

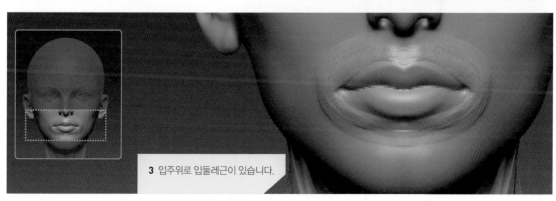

3 입주위로 입둘레근이 있습니다.

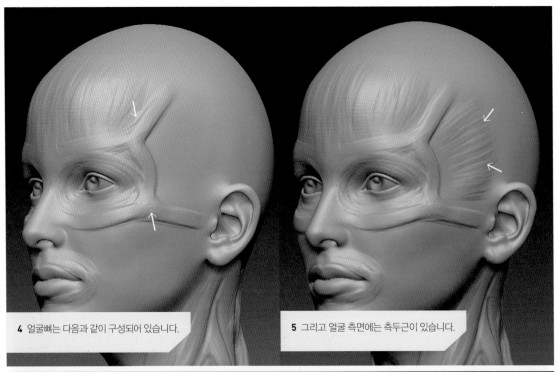

4 얼굴뼈는 다음과 같이 구성되어 있습니다.

5 그리고 얼굴 측면에는 측두근이 있습니다.

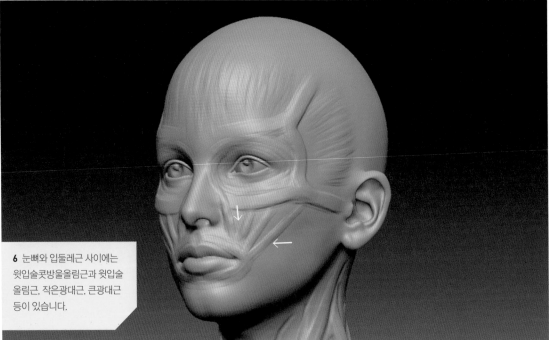

6 눈뼈와 입둘레근 사이에는
윗입술콧방울올림근과 윗입술
올림근, 작은광대근, 큰광대근
등이 있습니다.

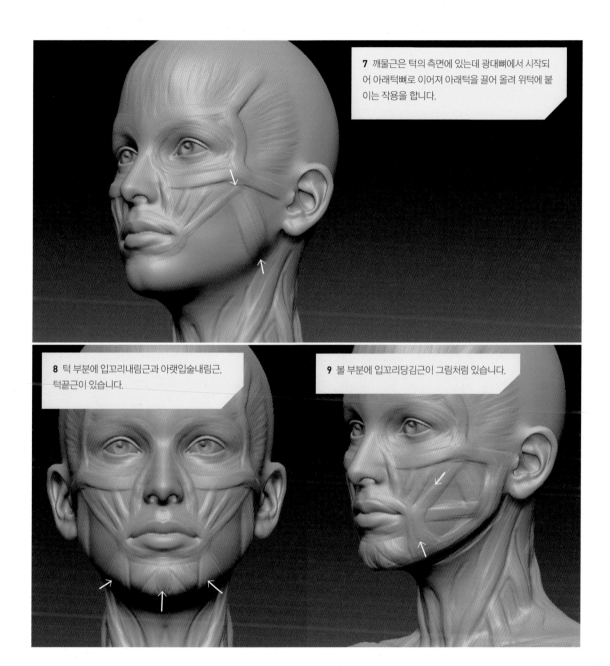

7 깨물근은 턱의 측면에 있는데 광대뼈에서 시작되어 아래턱뼈로 이어져 아래턱을 끌어 올려 위턱에 붙이는 작용을 합니다.

8 턱 부분에 입꼬리내림근과 아랫입술내림근, 턱끝근이 있습니다.

9 볼 부분에 입꼬리당김근이 그림처럼 있습니다.

인체 근육들의 위치와 모양에 대해 알아보았습니다. 근육의 이름까지는 외우지 않아도 되지만 대략적인 형태와 위치를 알고 있어야만 인체의 자연스러운 스컬핑이 가능하므로 꼭 기억하시기 바랍니다.

1.3 인체 스컬핑

기본 인체 근육에 대해 이해했으면 이제 실제 인체 스컬핑을 진행하겠습니다. 여기서는 앞서 만들어 놓은 근육을 기반으로 스컬핑하지만, 추후에는 근육의 위치를 생각하며 바로 스컬핑하면 됩니다.

예제 파일: Chapter02
ㄴSection01
ㄴBody_Sculpting01.
ZPR

인체 근육 다듬기

1 몸까지 근육을 표현한 파일을 엽니다.

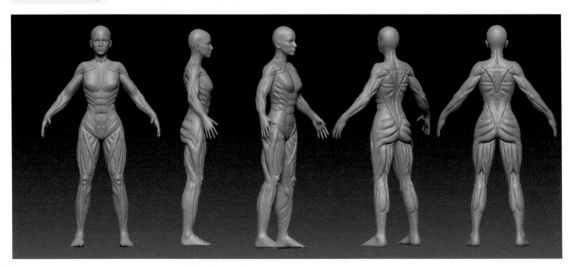

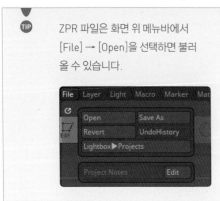

TIP ZPR 파일은 화면 위 메뉴바에서 [File] → [Open]을 선택하면 불러 올 수 있습니다.

2 Clay 브러시로 바꿉니다.

3 [Shift] 키를 누른 상태로 오브젝트를 문질러 줍니다. 그러면 Smooth 브러시로 자동으로 변환되고 브러시한 부분이 자연스럽게 평평해집니다.

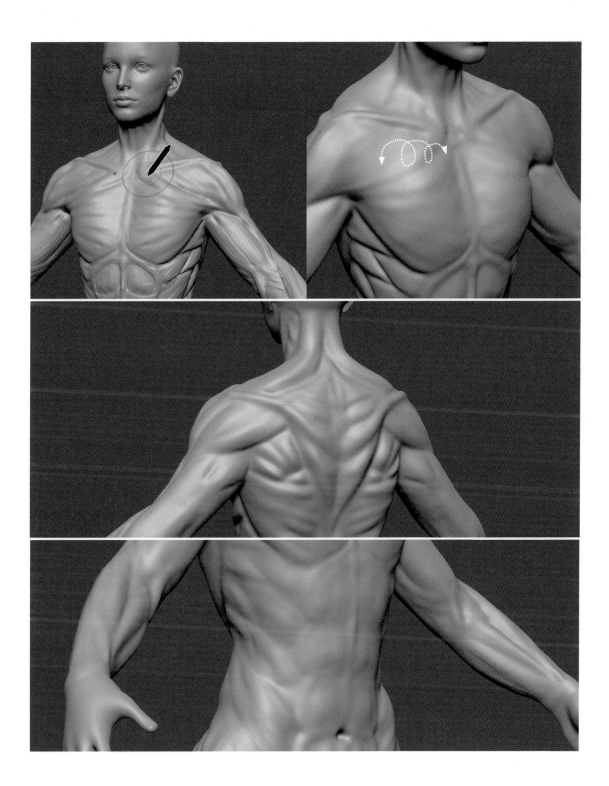

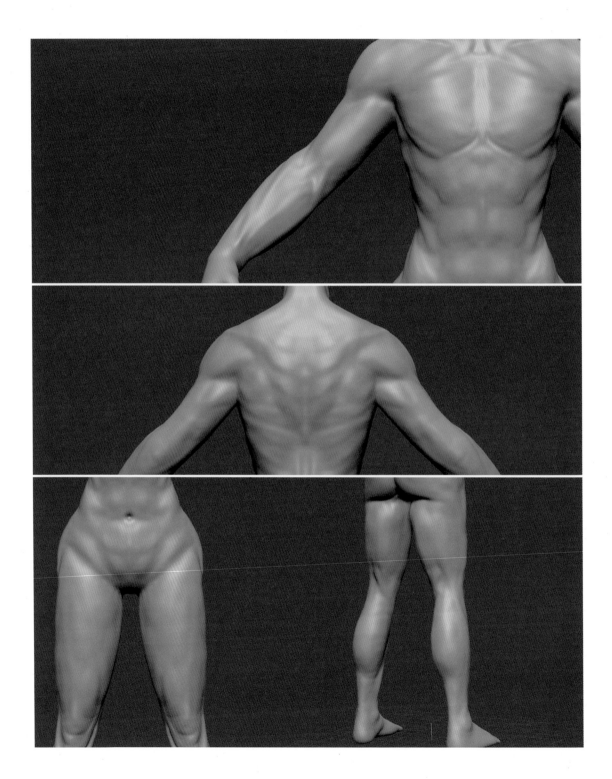

4 모든 인체 부분을 자연스럽게 다듬어 줍니다. 이렇게 하면 인체 모델의 스컬핑이 어느 정도 완성됩니다.

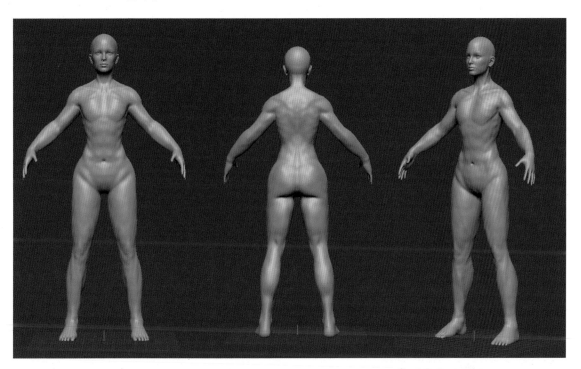

 ZBrush에 브러시를 추가로 설치할 수 있습니다. 확장자가 ZBP인 파일이 ZBrush의 브러시 파일입니다. 일반적으로 다음 경로에 복사해서 넣고 ZBrush를 재부팅하면 됩니다.

C:\Program Files\Pixologic\ZBrush 4R8\ZData\BrushPresets

무료로 ZBrush 브러시를 내려받을 수 있는 곳

https://cubebrush.co/mdunnam/products/tlksq

https://gumroad.com/l/TqbDy

http://zbrushtuts.com/2017/02/15/zbrush-alpha-pack-metal-surfaces/

https://gumroad.com/l/YFPhF

https://gumroad.com/environmentdesign

https://gumroad.com/l/nOkHw

가슴 수정

여전사 캐릭터를 만들기 위해 가슴의 형태를 보완하겠습니다.

1 화면 왼쪽 셀프에서 [Brush] 메뉴를 클릭하면 나오는 패널에서 IMM PrimitiveH 브러시로 바꿉니다. 이 브러시 패널의 오른쪽에 표시되는 오브젝트 중에서 [Insert H Sphere] 오브젝트를 선택하여 드래그하면 다음과 같이 반구가 추가됩니다.

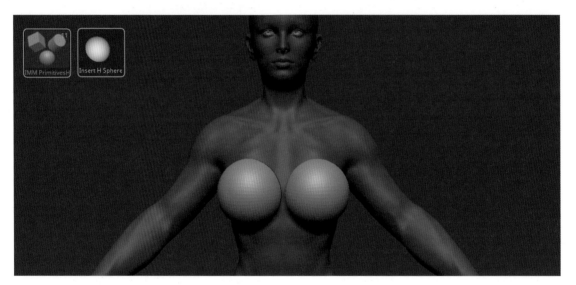

TIP 좌우 대칭으로 스컬핑하려면 메뉴바에서 [Transform] → [Activate Symmetry] 아래 [X] 버튼을 활성화하면 됩니다. (단축키 [X]) 그러면 좌우 대칭으로 오브젝트가 만들어집니다.

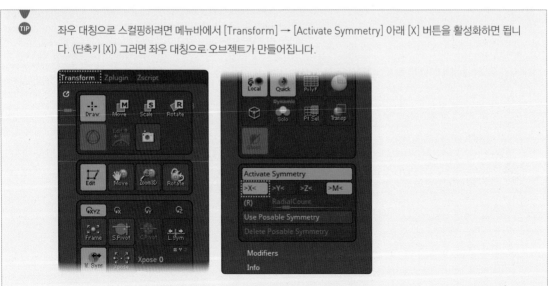

2 [Move]와 [Scale], [Rotate] 버튼을 클릭해서 이동과 확대 · 축소, 회전을 해도 되고, [Gizmo 3D] 의 화살표 방향선과 네 모서리로 이동시키거나, [Gizmo 3D]의 곡선으로 회전시키고, [Gizmo 3D]의 네모 방향선으로 확대 · 축소해서 위치와 크기, 형태 등을 대략 맞추어 줍니다.

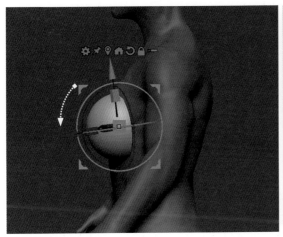

▸ 여기서는 앞으로 15도 정도 회전시킵니다.   ▸ 이어서 옆으로 15도 정도 회전시킵니다.

3 [Ctrl] 키를 누른 상태에서 캔버스의 빈 공간을 드래그해서 마스킹을 해제해 줍니다.

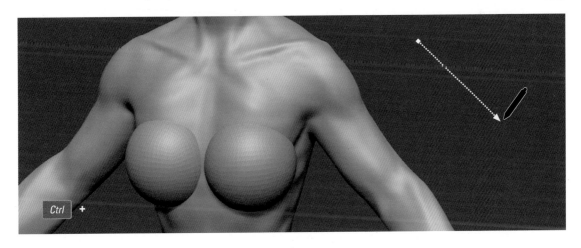

4 한 번 더 [Ctrl] 키를 누른 상태에서 캔버스의 빈 공간을 드래그하면 [DynaMesh]가 갱신되면서 반구와 몸이 결합됩니다.

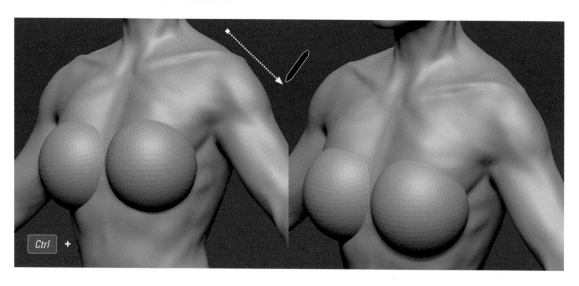

TIP 마스킹 해제와 [DynaMesh] 갱신은 방법이 같습니다. 마스킹된 영역이 있다면 마스킹이 해제되고, 마스킹 영역이 없다면 [DynaMesh]가 갱신 됩니다.

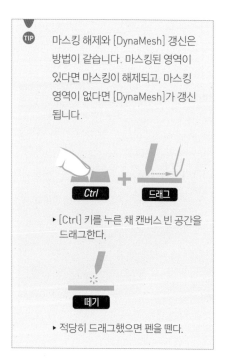

▸ [Ctrl] 키를 누른 채 캔버스 빈 공간을 드래그한다.

▸ 적당히 드래그했으면 펜을 뗀다.

5 브러시를 다시 Standard 브러시로 바꾸고 [Shift] 키를 누른 상태에서 가슴 부위와 연결되는 부분을 문질러 자연스럽게 만들어 줍니다.

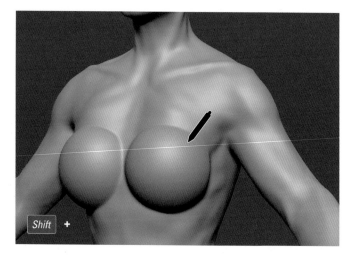

얼굴 스컬핑

현재 [Subtool] 패널을 보면 몸통(FemaleHead)과 눈동자와 이빨(eyes), 두 개의 레이어로 되어 있는
것을 확인할 수 있습니다. 눈동자는 추후 추가할 것이며, 이빨은 필요 없으므로 레이어를 삭제하겠습
니다.

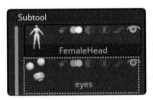 

❶ 삭제할 eyes 레이어를 선택하고　❷ [Delete] 버튼 클릭합니다.

❸ 경고창이 뜨고 [OK] 버튼을 클릭하면　　　　❹ 레이어가 삭제 되었습니다.

이제 얼굴 부분을 좀더 세밀하게 만들어 보겠습니다.

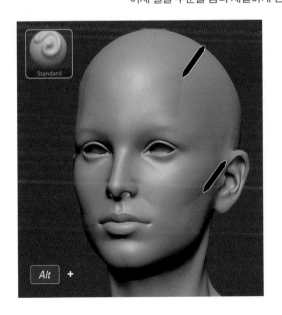

1 Standard 브러시를 사용하겠습니다. 브러시의 크기를 줄여
서 가늘게 설정합니다. [Alt] 키를 누른 상태로 머리 옆면을 안쪽
으로 오목하게 들어가게 만들고, 이마 부분은 각이 선명하게 잡
힌 구조로 만듭니다. 마찬가지로 광대뼈 부분도 볼록하게 표현
해 줍니다.

2 Pinch 브러시로 코 부분과 턱선을 명확히 표현해 줍니다.

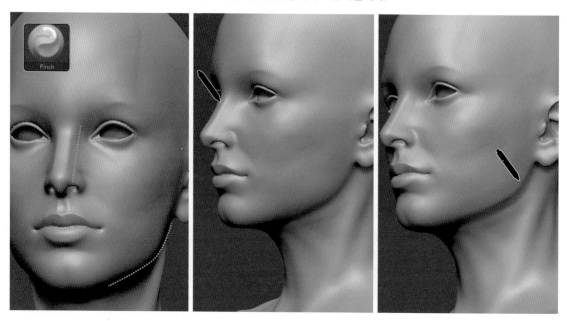

3 ClayBuildup 브러시로 눈썹과 입술을 표현해 줍니다.

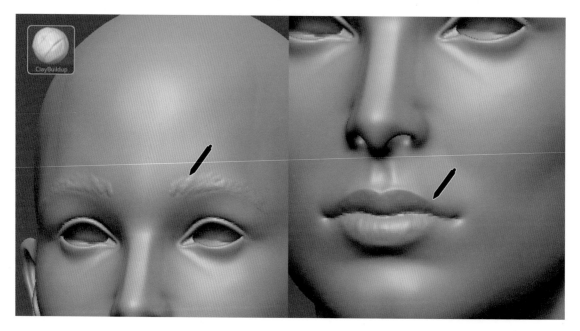

4 눈동자를 만들겠습니다. [Subtool] 아래 [Append] 버튼으로 [Sphere3D] 오브젝트를 추가합니다.

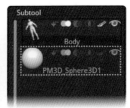

5 화면 위쪽 셸프에서 [Move]와 [Scale] 버튼을 선택하여 눈동자의 크기와 위치를 잡아 줍니다.

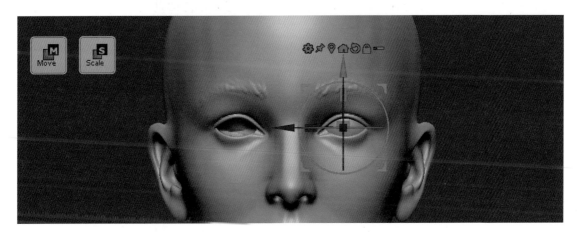

6 반대쪽 눈동자도 만들어 주겠습니다. [Subtool] 패널 아래에 있는 [Duplicate] 버튼으로 Sphere 레이어를 복사합니다.

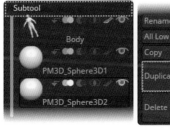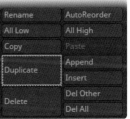

7 화면 오른쪽 [Tool] 패널에서 [Deformation] 아래에 있는 [Mirror] 버튼을 클릭해서 x축으로 복사하여 반대쪽 눈동자를 만들어 줍니다.

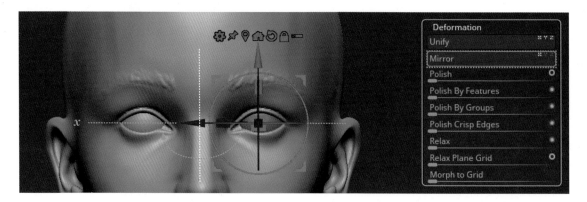

8 [Subtool] 패널에서 Body 레이어를 선택하고 [Merge] 메뉴 아래에 있는 [MergeDown] 버튼으로 눈동자 레이어를 합쳐 줍니다.

9 [Tool] 패널에서 [Geometry] → [DynaMesh] 아래 [DynaMesh] 버튼이 활성화되어 있는 것을 확인하고 [Ctrl] 키를 누른 채로 캔버스의 빈 공간을 드래그해서 [DynaMesh]를 갱신하여 몸과 눈동자를 하나의 오브젝트로 만들어 줍니다.

TIP 스컬핑 시 [DynaMesh] 버튼은 비활성화한 후 작업하는 것이 좋습니다.

실수로 [Ctrl] 키를 누른 상태로 드래그하면 업데이트로 로딩이 오래 걸리는 경우가 종종 발생합니다.

10 손가락과 나머지 부분들도 세밀하게 스컬핑을 해 줍니다. 인체 스컬핑이 끝났습니다.

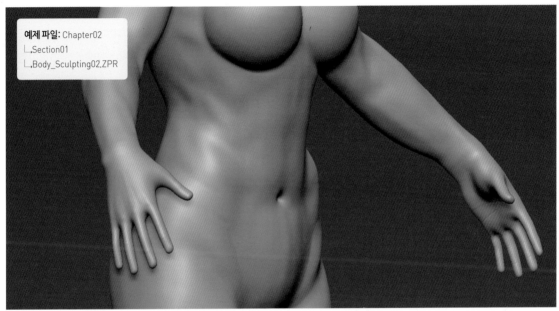

예제 파일: Chapter02
└ Section01
└ Body_Sculpting02.ZPR

TIP 얼굴 형태를 다양하게 만들고 싶을 때는 Move 브러시를 사용합니다.

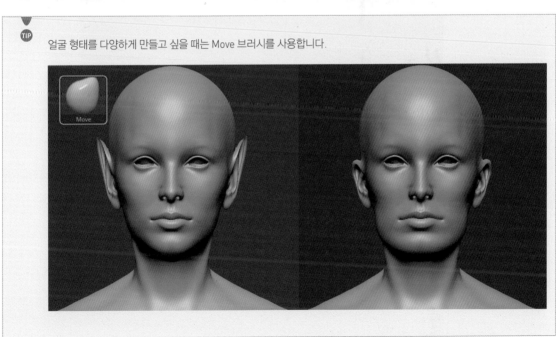

1.4 머리카락 스컬핑

이번에는 머리카락을 만들어 보겠습니다. ZBrush로 다양한 머리 스타일을 만들 수 있습니다. 일단 스컬핑을 이용한 간단한 형태의 머리 스타일부터 시작해 보겠습니다. 머리 부분에 직접 스컬핑을 하고 꽁지머리 스타일을 만들어 보겠습니다.

머리카락 만들기

1 먼저 [Ctrl] 키와 [Shift] 키를 동시에 누른 상태로 그림처럼 드래그합니다. 드래그한 영역이 녹색으로 선택되며 이 부분만 화면에 나타납니다. 화면 제어 시 머리 부분만 보이게 하려고 몸통은 숨김 처리했습니다.

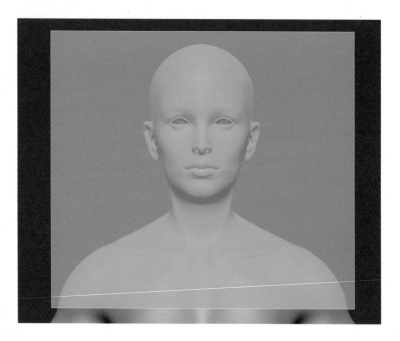

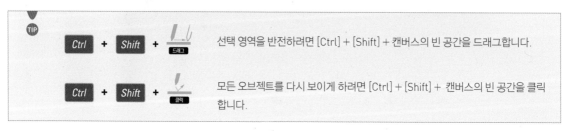

2 브러시를 ClayBuildup 브러시로 바꾸어 머리카락 부위를 스컬핑합니다.

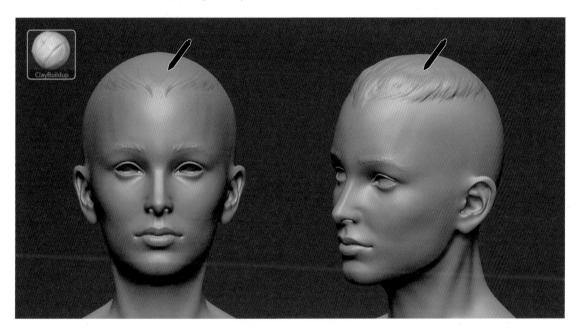

3 잘못 표현한 부분은 [Shift] 키를 눌러 Smooth 브러시로 바꿔 문질러서 없애고 계속해서 스컬핑해 나갑니다.

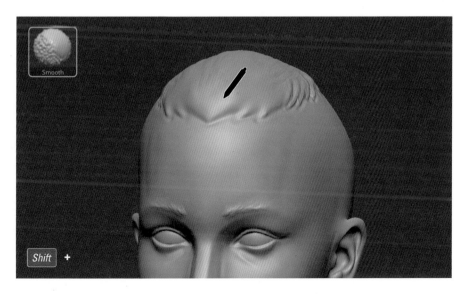

4 DamStandard 브러시로 머릿결을 만들어 줍니다.

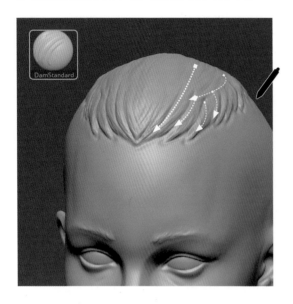

5 Standard 브러시로 볼륨감을 살려 줍니다.

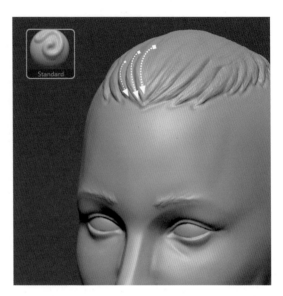

6 CurveTubeSnap 브러시로 머릿결을 표현할 수 있습니다. 메뉴바에서 [Stroke] 메뉴를 클릭하면 나오는 [Curve Modifiers] 패널 아래에 있는 [Size] 버튼을 활성화합니다. 그리고 [Curve Falloff]도 그림처럼 만들어 줍니다. 커브 이미지는 머리카락이 얇았다가 굵어져서 다시 얇아진다는 뜻입니다.

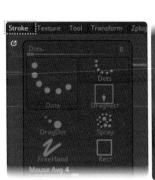

7 [DynaMesh] 버튼이 활성화된 상태에서 [Ctrl] 키를 누른 채 캔버스의 빈 공간을 드래그하여 지금까지 만든 [CurveTubeSnap] 오브젝트들을 하나의 오브젝트로 만들어 줍니다. 그런 다음 Smooth 브러시로 다듬어 줍니다.

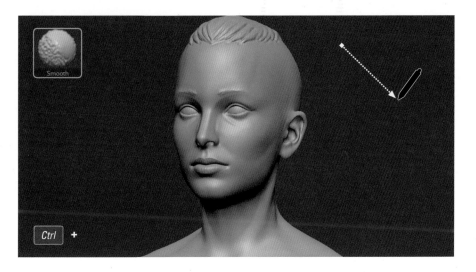

꽁지머리 만들기

1 [Subtool] 패널 아래 [Insert] 버튼을 클릭하고서 [Shere3D] 오브젝트를 선택하여 해당 레이어를 추가합니다.

2 [Move]와 [Scale] 버튼으로 그림처럼 위치와 크기를 조절해 줍니다.

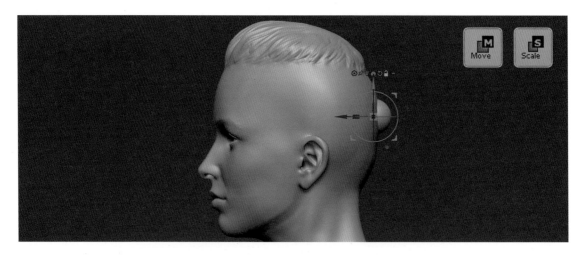

3 [Subtool] 패널에서 Body 레이어를 선택하고 [Merge] 패널 아래에 있는 [MergeDown] 버튼을 클릭해서 [Sphere3D] 오브젝트의 레이어와 합칩니다.

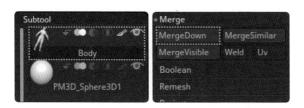

4 폴리곤 수를 좀 더 올려 주겠습니다. [DynaMesh]의 [Resolution] 값을 **1024**로 바꾸고 [Ctrl] 키를 누른 상태로 캔버스 빈 공간을 드래그해서 업데이트하면 [Body]와 [Sphere3D] 오브젝트가 하나의 오브젝트로 합쳐집니다.

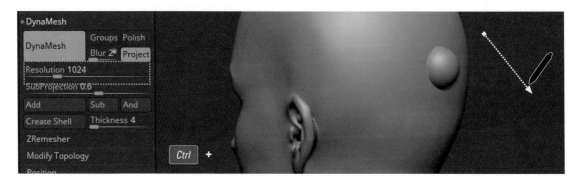

[DynaMesh] 버튼 아래 [Resolution] 값은 컴퓨터 성능에 따라 올릴 수 있는 값에 한계가 있습니다. 값을 많이 올릴수록 세밀한 스컬핑이 가능하지만, 컴퓨터 성능이 낮은 경우 ZBrush 프로그램이 멈추는 현상이 일어납니다.

5 그림처럼 스컬핑해서 마무리해 줍니다.

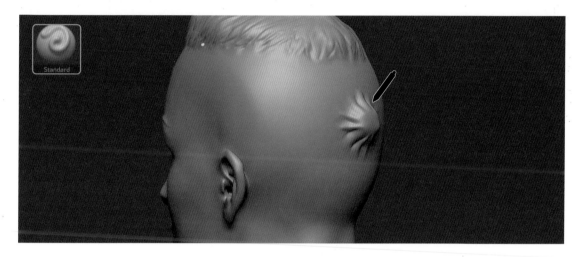

6 앞서와 같은 방법으로 [Cylinder] 오브젝트를 [Subtool] 패널에 추가합니다.

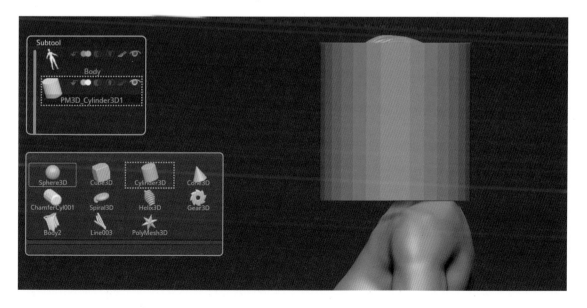

7 [Move]와 [Scale] 버튼과 함께 [Gizmo 3D]를 이용하여 [Cylinder] 오브젝트를 그림과 같은 크기
와 위치로 옮깁니다.

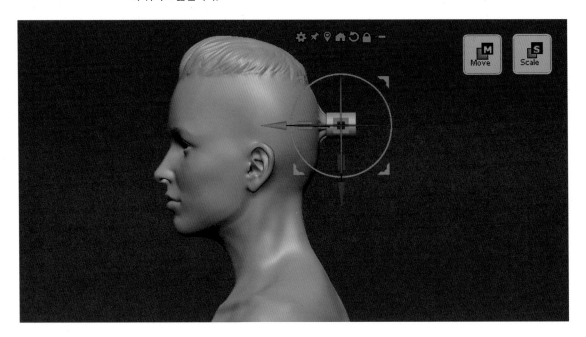

8 [ZRemesher] 패널 아래에서 [Target Polygons Count] 값을 1로, [AdaptiveSize] 값을 0으로
하고, [ZRemesher] 버튼을 클릭해서 와이어를 재구성해 주겠습니다.

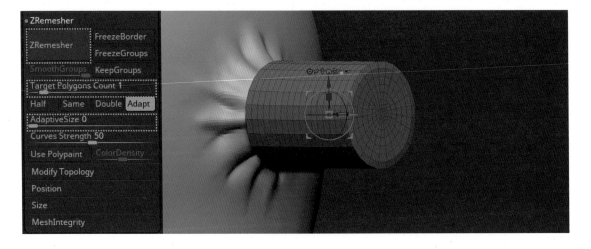

9 [Tool] 패널의 [Geometry] 아래에 있는 [Divide] 버튼을 클릭해서 [SDiv] 값을 **5**로 늘려서 스컬핑할 준비를 합니다.

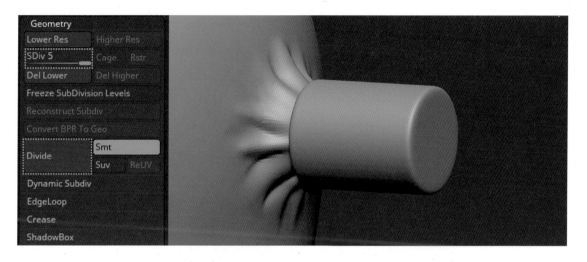

10 [Ctrl] 키를 누른 상태로 드래그해서 그림처럼 마스킹한 후에 스컬핑합니다.

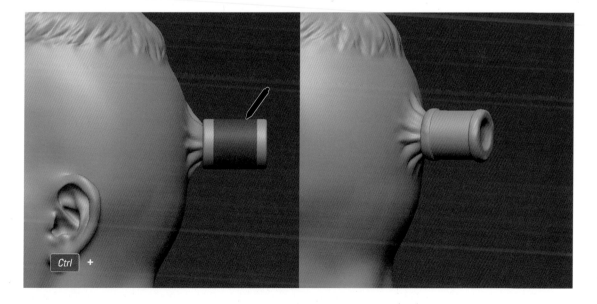

11 StitchBasic 브러시로 그림처럼 스컬핑해 줍니다.

12 ClayBuildup 브러시나 DamStandard 브러시로 스컬핑을 마무리해 줍니다. [Shere3D] 오브젝트와 마찬가지로 [Subtool] 패널에서 Body 레이어를 선택하고 [Merge] 메뉴 아래에 있는 [MergeDown] 버튼을 클릭해서 레이어를 합쳐 줍니다.

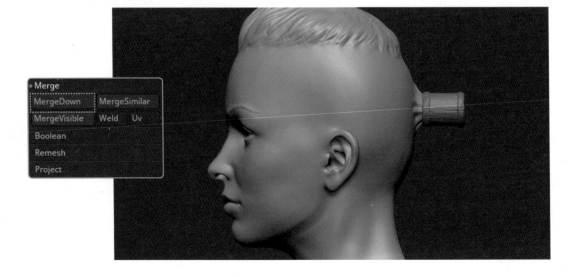

13 같은 방법으로 [Sphere3D] 오브젝트를 사용하여 꽁지 부분을 만들어 줍니다. 여기까지 작업하고 다음 이름으로 저장하기 바랍니다.

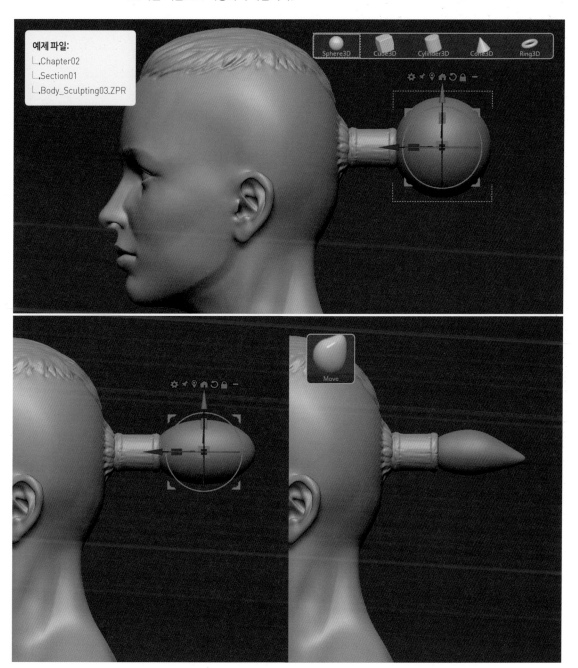

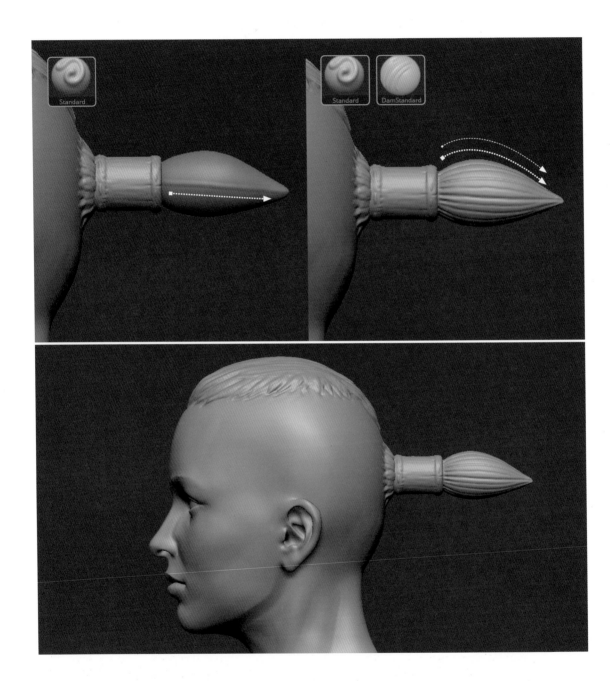

스컬핑 작업이 끝났습니다. 스컬핑은 간단한 작업이 아닙니다. 실무에서는 더 나은 결과물을 얻기 위
해 스컬핑 작업에만 한 달 이상 걸리기도 합니다. 스컬핑 작업에 익숙해지려면 시간과 노력이 필요합
니다.

SECTION

02

로우 폴리곤 데이터

이번 섹션에서는 ZBrush 프로그램에서 제작한 하이 폴리곤 데이터를 [ZRemesher] 기능을 이용해 로우 폴리곤 데이터로 변환겠습니다. 이러한 로우 폴리곤 데이터는 실제 게임에서 사용됩니다. 로우 폴리곤 데이터에 텍스처를 적용하기 위해서는 UV 작업이 필요합니다. UV 작업은 ZBrush 프로그램의 [UV Master] 기능이나 3ds Max 프로그램의 [Unwrap UVW] 명령을 사용하면 됩니다.

2.1 ZRemesher 기능

[ZRemesher]는 면을 재정렬하고 폴리곤을 줄여 주는 기능을 합니다. 이 기능을 활용하면 로우 폴리곤 데이터를 쉽게 만들수 있습니다. 이제 [ZRemesher] 기능으로 실제 게임 데이터로 사용할 로우 폴리곤 데이터를 만들겠습니다. 몸통 부분부터 설명하겠습니다.

1 [Subtool] 패널에서 Body 레이어를 선택하고 [Duplicate] 버튼을 클릭해서 레이어를 복사합니다. 그런 다음 [Rename] 버튼을 클릭하여 알아보기 쉽게 레이어의 이름을 Body_low로 바꿉니다.

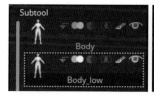 

2 이어서 브러시를 ZRemesherGuides 브러시로 바꾸어 줍니다. 이 브러시는 [ZRmesher] 기능을 사용할 때 와이어의 흐름을 정해 줍니다.

3 ZRemesherGuides 브러시로 그림처럼 얼굴에 가이드를 그립니다. 이때 메뉴바 →
[Transform] → [Activate Symmetry] 버튼이 활성화된 좌우 대칭 모드여야 하고 브러시의 크기는
줄여야 합니다. 브러시의 크기가 크면 부드럽게 그려지지 않습니다.

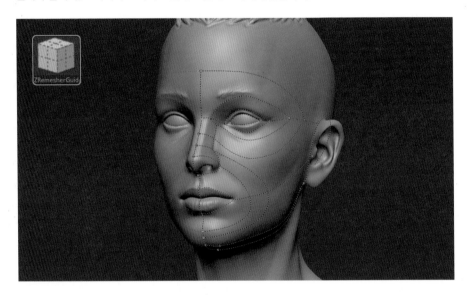

4 필요하다면 몸통 부위도 와이어의 흐름을 그려 줍니다.

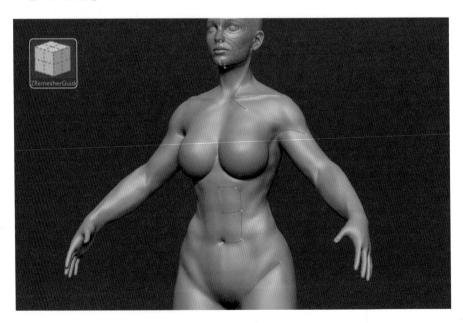

5　얼굴은 와이어가 다른 곳에 비해 집중되어 있어야 합니다. [Tool] 패널에서 [Geometry] 메뉴의 [ZRemesher] 아래 [Use Polypaint] 버튼을 클릭합니다. 그림처럼 와이어가 집중되어야 할 부분을 칠합니다. 이때 화면 위쪽 셀프에서 [Rgb] 버튼은 활성화되어 있고, [Zadd] 버튼은 비활성화되어 있어야 합니다. 빨간색은 폴리곤 수를 늘려 주고, 파란색은 폴리곤 수를 줄여 줍니다.

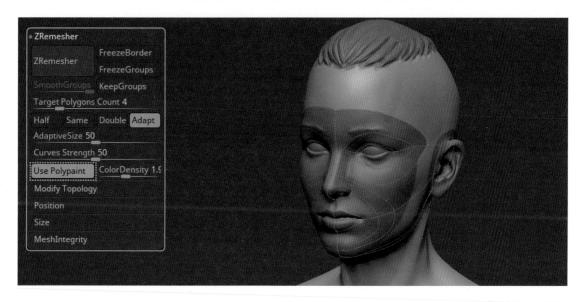

6　이제 [Target Polygon Count] 값을 **4**로 줄이고 [ZRemesher] 버튼을 클릭합니다. 그러면 몸통의 와이어가 재구성됩니다.

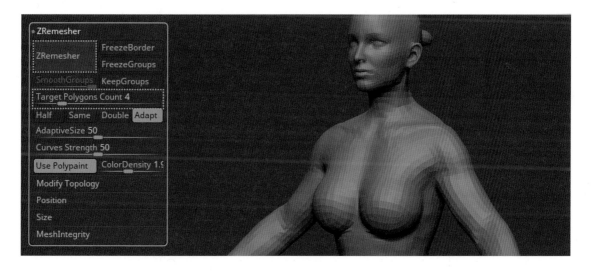

7 [Shift] 키 + [F] 키를 눌러 와이어를 확인합니다. 와이어 흐름이 마음에 들지 않으면 다시 ZRemesherGuides 브러시로 가이드를 표시하고 [ZRemesher]를 적용하면 됩니다.

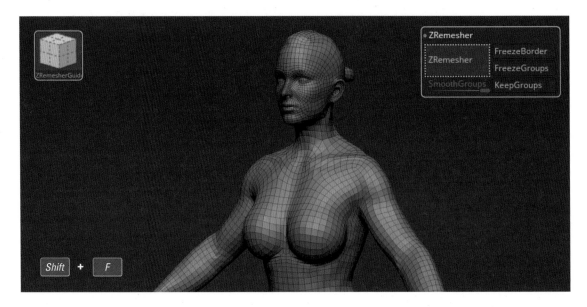

8 [Subtool] 패널에서 [Body_low] 레이어에 펜을 올려 보면 [ZRemesher]가 적용된 데이터의 폴리곤 수를 확인할 수 있습니다. 현재 폴리곤은 **12,237**개입니다. PC 게임을 하기에는 적당한 수의 폴리곤입니다. 만약 폴리곤 수를 더 줄여야 한다면 [ZRemesher] 패널의 옵션에서 [Target Polygons Count] 값을 내리면 됩니다.

예제 파일: Chapter02
└ Section02
└ ZRemesher.ZPR

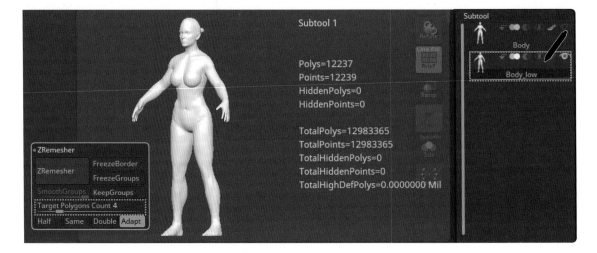

하이 폴리곤을 로우 폴리곤으로 면을 재구성하는 것을 Topology라고 합니다. Topology하는 방법
은 여러 가지가 있지만, [ZRemesher]는 정말 손쉽게 로우 폴리곤으로 만들어 주는 대단한 기능이
라 생각합니다. 물론 수동으로 Topology하는 것에 비해 면 구성이 마음에 들지 않을 수도 있지만,
ZRemesherGuides 브러시를 잘 활용하면 충분히 원하는 면 구성을 할 수 있습니다.

2.2 Unwrap UVW(3ds Max)

완성된 로우 폴리곤 데이터를 매핑하려면 UV 작업을 해야 합니다. UV 작업은 3D 오브젝트를 전개도
로 펼치는 작업입니다.

1 ZBrush 프로그램에서 [UV Master]로 UV 작업을 해도 되지만, 결과물은 3ds Max 프로그램의
Unwrap UVW 명령에 비해 정교하고 깔끔하지 않습니다. 여기서는 ZBrush 데이터(ZRemesher)를
3ds Max 프로그램으로 가져가서 UV 작업을 진행하겠습니다. Body_low 레이어를 선택하고 [Tool]
→ [Goz] 버튼을 클릭합니다.

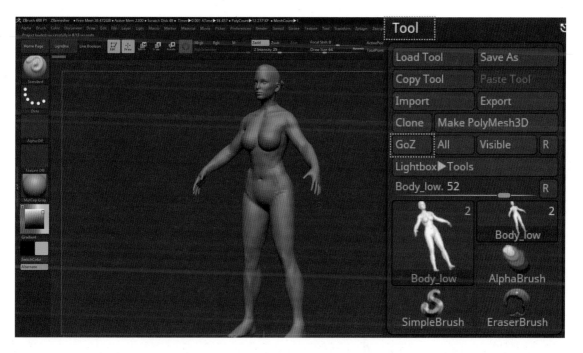

2 3ds Max 프로그램으로 데이터가 넘어왔습니다.

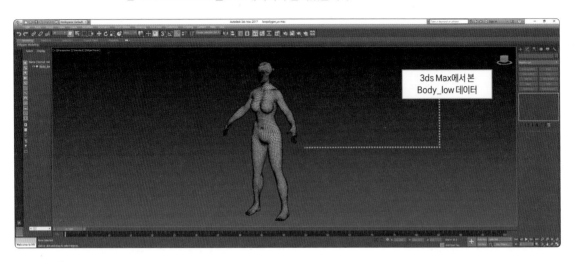

3 [ZRemesher] 기능을 사용하면 자동으로 폴리곤을 재구성해 줍니다. ZRemesherGuides 브러시로 가이드 작업을 꼼꼼히 하지 않으면 와이어의 흐름에 문제가 생깁니다. 전체적으로 봤을 때 잘못된 와이어나 필요 없는 와이어들은 수정해야 합니다. 방어구에 가려질 다리 부분은 선택해서 지워 줍니다. 또한 폴리곤 수가 많은 콧구멍과 귓구멍 부분의 폴리곤도 정리해 줍니다.

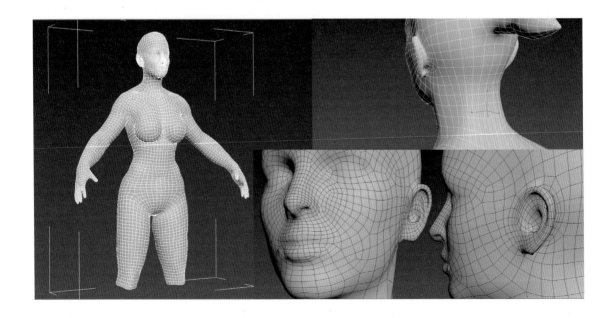

4　와이어 흐름을 수정하고 나면 UV 작업을 하기 위해 [Modify] 탭에서 █ 아이콘을 클릭해 [Unwrap UVW] 명령을 찾아 실행합니다.

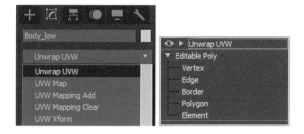

5　[Selection] 패널에서 [Edge]를 선택하고 그림처럼 몸통과 얼굴 연결 부분을 선택해 줍니다.

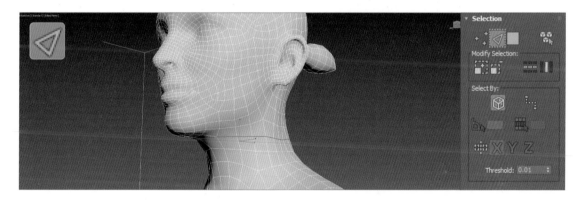

6　[Peel] 패널의 [Seems]에서 [Convert Edge Selection To Seams] 버튼을 클릭하면 파란색 선으로 바뀌면서 [Edge]가 [Seam]으로 바뀝니다. 여기서 [Seam]은 UV 작업에 사용하는 재단선입니다.

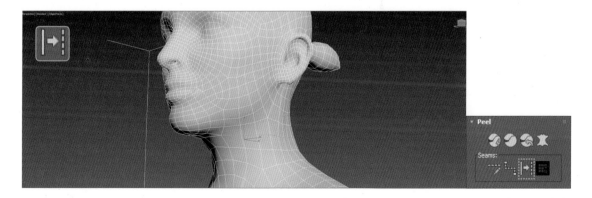

Edge 다중선택 방법

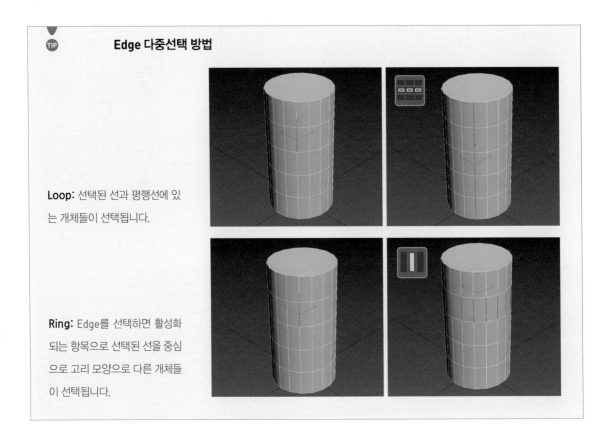

Loop: 선택된 선과 평행선에 있는 개체들이 선택됩니다.

Ring: Edge를 선택하면 활성화되는 항목으로 선택된 선을 중심으로 고리 모양으로 다른 개체들이 선택됩니다.

7 그림처럼 얼굴 부분을 재단합니다.

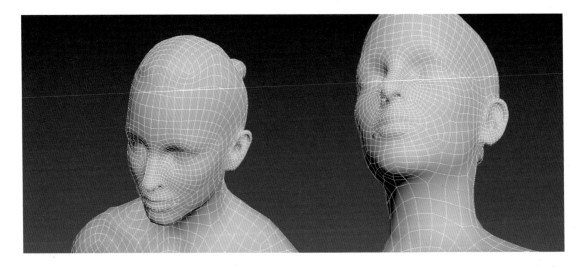

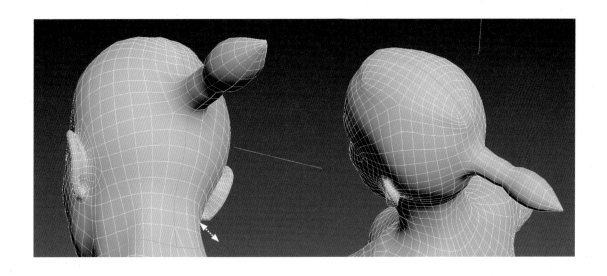

8 다음으로 귀와 팔, 손목, 골반 부분도 그림처럼 차례로 재단합니다.

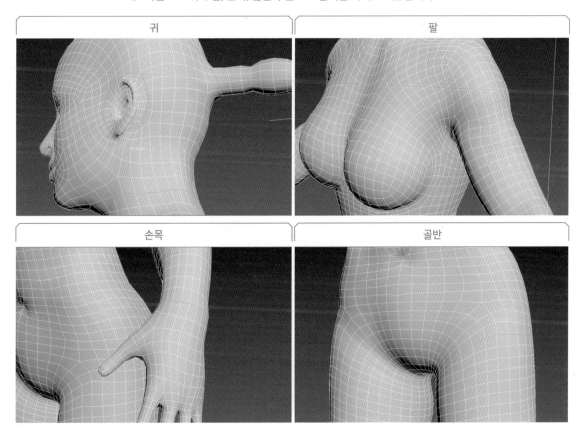

9 어깨 부분을 재단합니다. 이때는 [Seams] 메뉴의 왼쪽에서 두 번째에 있는 [Point To Point] 기
능을 사용하면 좀 더 편합니다.

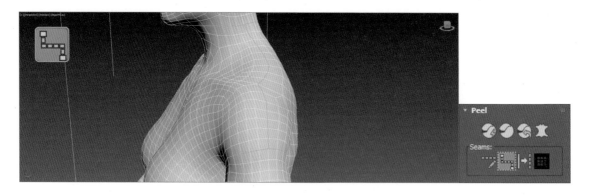

10 계속해서 옆구리와 허벅지 안쪽, 골반 부분을 재단합니다.

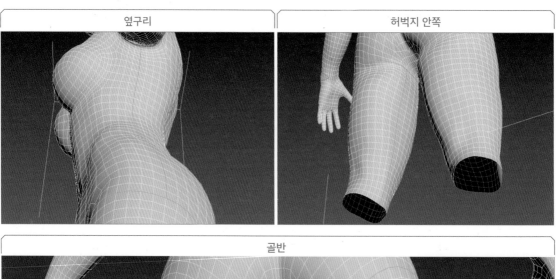

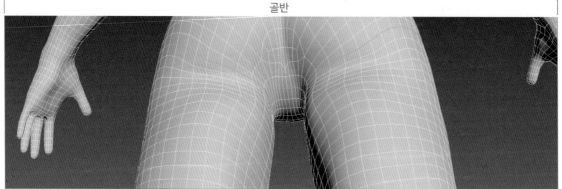

11 손을 재단합니다. 손등과 손바닥으로 나누었습니다.

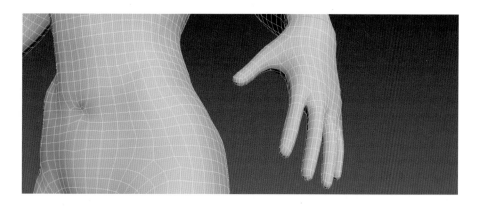

12 팔 부분을 그림처럼 안쪽으로 재단합니다.

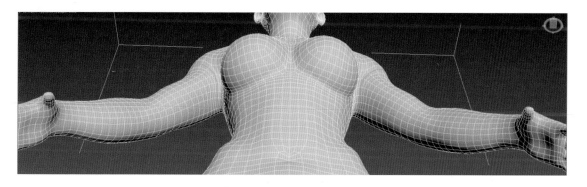

13 재단 작업이 모두 끝났습니다. 이제 각 부분을 펼치도록 하겠습니다. [Modify] → [Selection] → [Polygon]으로 얼굴 부분의 폴리곤을 하나 선택합니다.

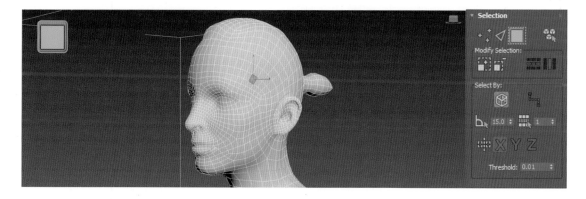

14 [Peel] 패널에서 [Expand Polygon Selection To Seams] 버튼을 클릭하면 재단된 얼굴 부위의 모든 폴리곤들이 선택됩니다.

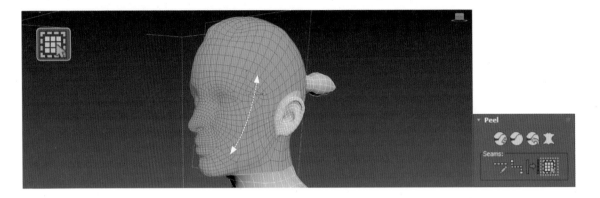

15 [Peel] 패널에서 [Pelt Map] 버튼을 클릭하면 [Pelt Map] 창과 [Edit UVWs] 창이 뜹니다.

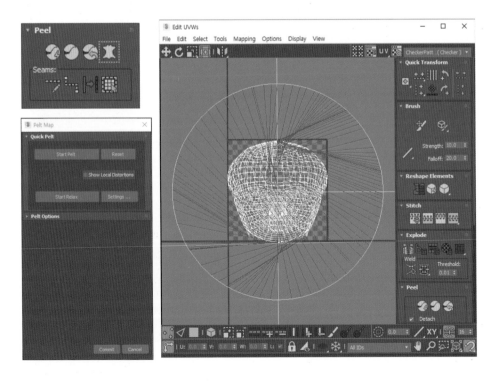

16 [Pelt Map] 창에서 [Start Pelt] 버튼을 클릭합니다. 선택한 얼굴 폴리곤들이 활짝 펼쳐집니다.

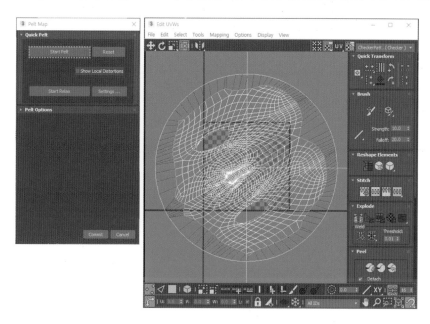

17 [Start Relax] 버튼을 클릭하면 펼쳐진 폴리곤에 왜곡이 없도록 자동으로 조정됩니다. 더 이상 형태가 변하지 않으면 [Commit] 버튼을 눌러 완료합니다.

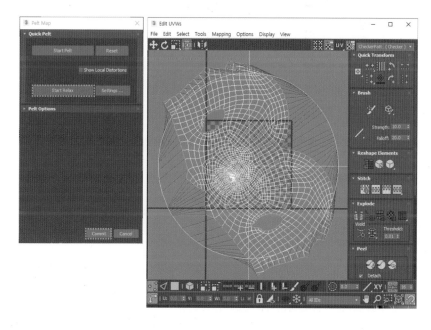

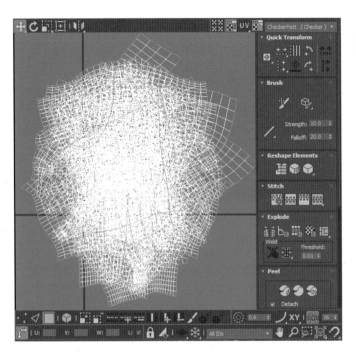

18 이와 같은 방법으로 다른 모든 부분들도 [Pelt] 작업을 완료해 줍니다.

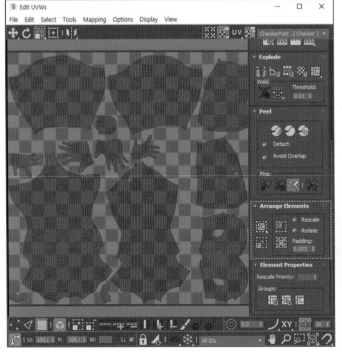

19 이제 조각난 각 부분들을 정리하겠습니다. 드래그하거나 [Ctrl] 키 + [A] 키를 눌러 모든 폴리곤들을 선택한 후 [Arrange Elements] → [Pack Normalize] 버튼(▦)을 클릭하면 겹치지 않게 정리됩니다. 이때 [Rotate] 옵션을 체크해서 폴리곤들이 회전이 가능하도록 설정하고, [Padding] 값을 **0.005**로 내려 공간이 비지 않도록 해 줍니다.

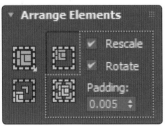

UV를 정리할 때는 [Padding] 값을 조절해서 가능하면 공간이 비지 않도록 해야 합니다.

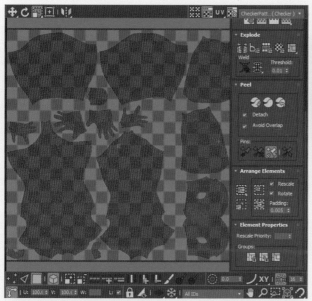

Padding: **0.005**

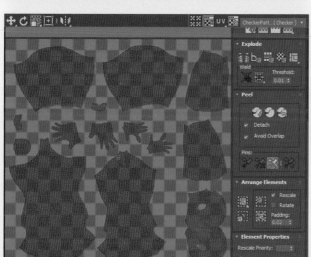

Padding: **0.02**

20 [Edit UVWs] 창 오른쪽에 있는 [CheckPattern] 버튼을 클릭해 [Texture Checker(UV_
Checker.png)]를 선택하고 [CheckerPattern(Checker)]를 선택하면 오브젝트에 체크맵이 적용됩니
다. 이 맵이 정사각형으로 보이면 UV 작업이 제대로 이루어진 것입니다.

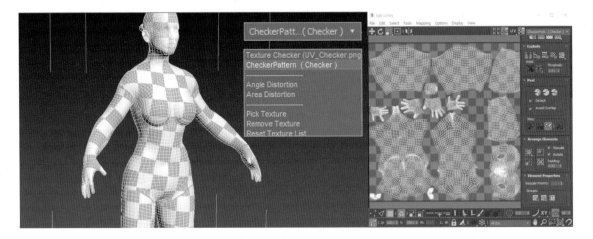

21 캐릭터에서 가장 중요한 부분은 얼굴입니다. UV 작업에서도 얼굴 부분을 좀 더 키워서 매핑하
면서 좀 더 세밀하게 보이게 하는 것이 좋습니다. UV를 직접 조정해서 얼굴 크기를 키우고 매핑하기
용이하게 그리고 알아보기 쉽게 다시 정리합니다. 오브젝트에 적용된 체크맵을 보면 얼굴 부위의 체
크맵이 좀 더 작게 보입니다. 체크맵이 작으면 매핑 시 텍스처가 좀 더 디테일하게 보입니다.

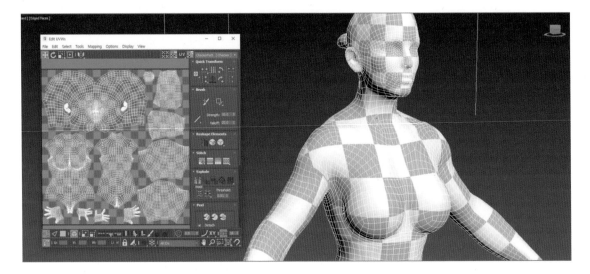

22 마지막으로 좌표축을 리셋하겠습니다. [Utilities]라는 망치 모양 아이콘을 클릭해서 [Reset XForm] 버튼을 클릭하고 [Reset Selected] 버튼을 클릭합니다. 로우 폴리곤 데이터가 완성되었습니다. 이 데이터를 실제 게임에서 사용하게 됩니다.

예제 파일: Chapter02
└,Section02
└,lowpolygon_uv.max

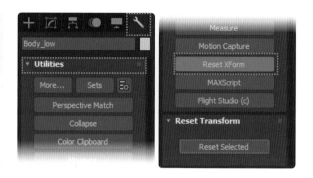

UV 작업이 끝났습니다. UV 작업은 3D 작업에서 가장 귀찮고 어려운 부분 중 하나입니다. 하지만, UV 작업이 제대로 되어야만 이후 텍스처링 작업이 제대로 됩니다. 조금 손이 많이 가는 과정이지만, 천천히 따라 해 보시기 바랍니다. ZBrush의 [UV Master] 기능을 써 보는 것도 좋습니다.

TIP UV 작업에서 만약 [Relax]가 제대로 적용되지 않는다면 [Settings] 버튼을 눌러 [Relax Tool] 패널의 옵션이 [Relax By Polygon Angles]인지 확인합니다.

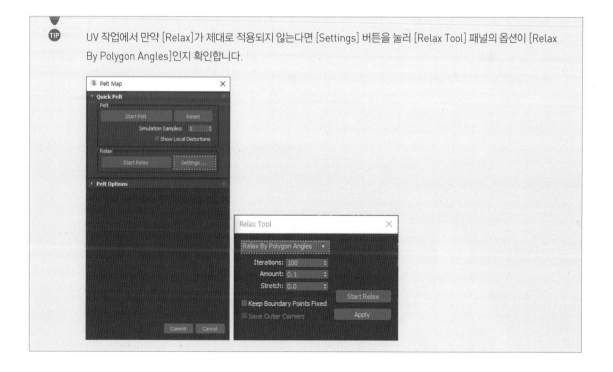

텍스처링

이번 섹션에서는 텍스처링에 대해 설명하겠습니다. 텍스처란 이미지와 색상이 있는 그림 파일을 뜻합니다. 게임 제작 파이프라인에 따라 여러 종류의 텍스처들을 사용합니다. 여기서는 기본이 되는 디퓨즈맵과 AO맵, 노멀맵을 제작해 보겠습니다.

3.1 Project 기능

우리는 앞서 하이 폴리곤 데이터와 로우 폴리곤 데이터 두 개를 만들었습니다. 하이 폴리곤 데이터는 스컬핑이 되어 있어 디테일합니다. 로우 폴리곤 데이터는 디테일하지는 않으나 UV 작업이 되어 있습니다. 우리가 실제로 사용할 데이터는 UV 작업이 되어 있는 로우 폴리곤 데이터입니다. 그래서 UV 작업이 되어 있는 로우 폴리곤 데이터에 하이 폴리곤의 디테일함, 즉 스컬핑 정보를 불러오는 기능이 [Project]입니다.

1 맵소스를 제작하기 위해 먼저 UV 작업까지 마친 로우 폴리곤 데이터를 ZBrush 프로그램으로 다시 가져와서 스컬핑 정보를 복사하겠습니다. 이 기능을 [Project]라고 합니다. UV 작업한 3ds Max 데이터를 메뉴바에서 [GoZ] → [Edit in ZBrush] 버튼을 클릭하여 ZBrush 프로그램으로 보냅니다. ZBrush 프로그램의 [Subtool] 패널에 있는 Body_low 데이터가 3ds Max 프로그램에서 작업한 데이터로 갱신됩니다.

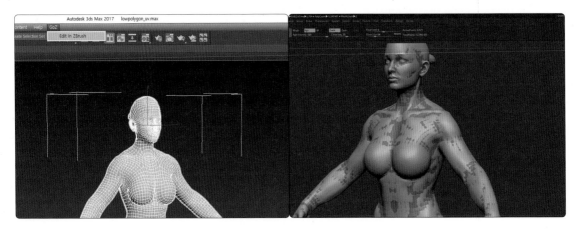

Subtool 데이터 추가 방법

만약 Section02의 '2.1 ZRemesher' 작업을 종료했다면 ZBrush 프로그램에서 [ZRemesher]까지 작업한 데이터를 불러옵니다.

[Subtool] 패널에서 스컬핑된 데이터인 Body 레이어는 남기고 [ZRemesher]를 적용해서 폴리곤을 줄인 데이터인 Body_low 레이어는 지웁니다. 경고창이 뜨면 [OK] 버튼을 클릭합니다.

[Tool] 패널에서 기존에 작업 중이던 Body 데이터를 선택하고 [Subtool] 패널에서 [Append] 버튼을 눌러 3ds Max에서 넘긴 Body_low_uv 데이터를 선택해서 [Subtool] 패널에 추가해 줍니다.

예제 파일: Chapter02
└,Section02
└,ZRemesher.ZPR

2 레이어 이름은 알아보기 쉽게 Body_low_uv로 바꾸어 줍니다.

예제 파일: Chapter02
└,Section03
└,Project01.ZPR

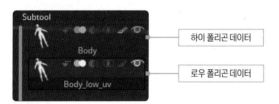

하이 폴리곤 데이터

로우 폴리곤 데이터

3 ZBrush 프로그램에서 [Polypaint]로 매핑을 하기 위해선 UV 정보가 있는 스컬핑된 데이터가 있어야 합니다. 하지만 현재 기존 ZBrush의 Body 데이터는 스컬핑은 되어 있으나 UV 정보가 없습니다. 3ds Max 프로그램에서 불러온 Body_low_uv 데이터는 UV 정보는 있지만, 스컬핑이 되어 있지 않습니다. 그래서 3ds Max 프로그램에서 불러온 데이터에 스컬핑 정보를 복사해야 합니다.

▸ 스컬핑은 되어 있으나 UV 정보가 없음 　　　　　 ▸ UV 정보는 있으나 스컬핑이 되어 있지 않음

4 3ds Max 프로그램에서 불러온 데이터의 레이어를 선택하고 [Tool] 패널에서 [Geometry] 패널 아래에 있는 [Divide] 버튼을 클릭해 [SDiv] 값을 올려 줍니다.

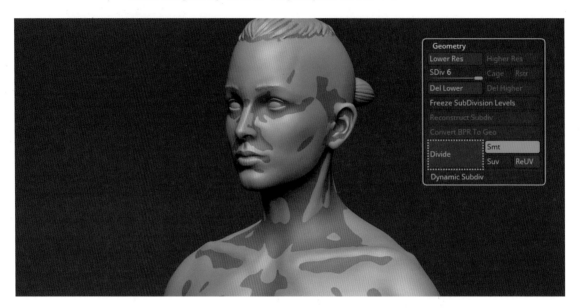

5 계속해서 3ds Max 프로그램에서 불러온 데이터의 레이어를 선택한 상태에서 [Subtool] 패널에 서 [ProjectAll] 버튼을 클릭합니다. 경고창이 뜨면 [Yes]를 선택하면 됩니다. 이처럼 [Project]는 다른 레이어의 스컬핑 정보를 현재 레이어로 복사하는 기능입니다.

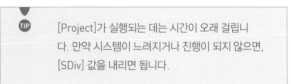

TIP [Project]가 실행되는 데는 시간이 오래 걸립니 다. 만약 시스템이 느려지거나 진행이 되지 않으면, [SDiv] 값을 내리면 됩니다.

6 두 개의 데이터가 똑같이 스컬핑된 상태로 바뀌었습니다.

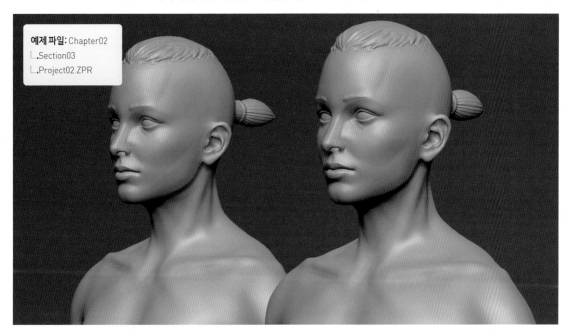

예제 파일: Chapter02
└.Section03
└.Project02.ZPR

▶ 기존 스컬핑 데이터   ▶ [ProjectAll] 기능을 적용한 데이터

7 이제 UV 정보가 없는 데이터는 필요 없으므로 Body 레이어는 [Delete] 버튼으로 지워서 레이어를 정리합니다.

예제 파일: Chapter02
└.Section03
└.Project03.ZPR

스컬핑 정보를 복사할 수
있는 [Project] 기능은 여
러 상황에서 유용하게 쓰
이므로 꼭 기억해 두시기
바랍니다.

TIP

화면 오른쪽 [Tool] 패널의
[Texture Map] 메뉴의 [Create]
아래 [New Form UV Check] 버튼
으로 내가 작업한 데이터에 UV 정
보가 있는지 확인할 수 있습니다.

3.2 디퓨즈맵

디퓨즈맵은 색과 음영이 들어간 텍스처입니다. ZBrush 프로그램의 [PolyPaint]와 [Spotlight]를 이용해서 디퓨즈맵을 제작하겠습니다.

1 화면 왼쪽 셸프에서 [Material] 버튼을 클릭하면 나오는 패널에서 [SkinShade4] 재질을 선택해 바꾸어 줍니다. 그리고 화면 위쪽 셸프에서 [Rgb] 버튼은 활성화하고 [Zadd] 버튼은 비활성화합니다.

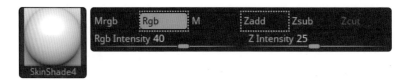

2 메뉴바에서 [Color] 메뉴를 선택하면 나오는 왼쪽 [컬러 피커]에서 원하는 기본색을 정하고서 [FillObject] 버튼으로 색을 입힙니다.

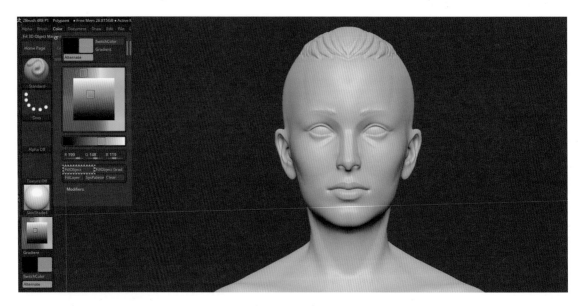

3 기본색보다 어두운 색을 선택해서 볼, 눈, 쇄골 등 파인 부분을 채색해 줍니다.

4 기본색보다 밝은 색을 선택해서 볼, 콧등, 이마 등 튀어나온 부분을 채색해 줍니다.

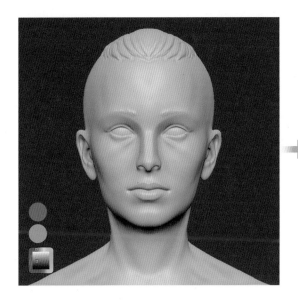

5 화면 왼쪽 셀프에서 [Stroke] 버튼을 클릭해서 [Color Spray]로 그리는 방법을 바꾸고 전반적으로 자연스럽게 색이 섞이도록 합니다.

6 왼쪽 셀프 [Alpha] 버튼을 클릭해서 [Alpha 23]으로 알파맵을 바꾸고 전반적으로 피부처럼 보이도록 채색합니다. 망사를 놓고 그 위에 스프레이를 뿌리면 더 촘촘하게 뿌려지는 것과 같은 원리입니다.

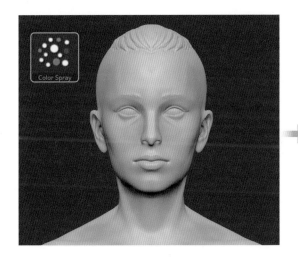

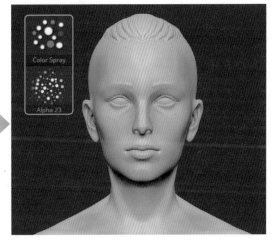

7 눈과 눈썹, 입술 등을 세밀하게 채색합니다. [Spotlight]를 이용해 사진 소스를 활용해도 좋습니
다. 얼굴 채색은 사진 레퍼런스나 메이크업 강좌를 참고하시기 바랍니다.

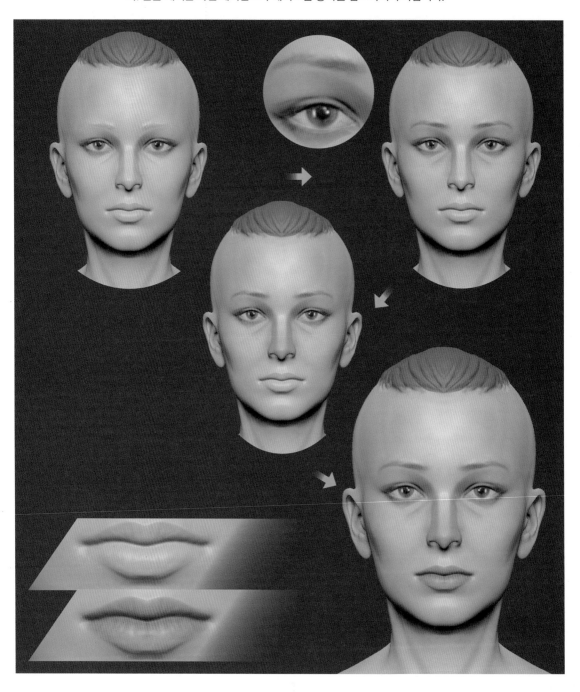

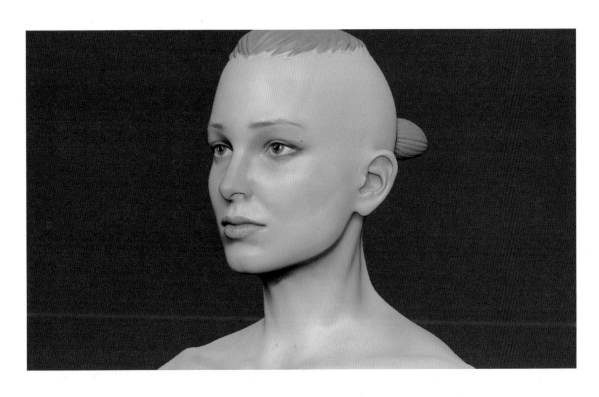

8 그림처럼 머리카락 부분은 색을 정해서 채색을 해줍니다.

9 단축키 [C]를 눌러 피부색을 선택하고 머리에 스크래치를 넣어 줍니다.

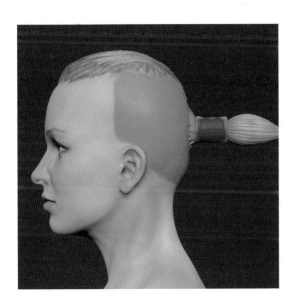

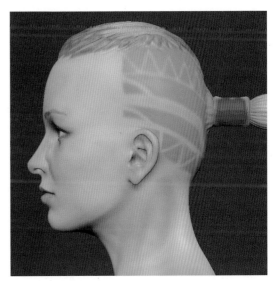

10 화면 위쪽 셸프에서 [Rgb] 버튼은 비활성화하고 다시 [Zadd] 버튼은 활성화합니다. [Stroke] 버튼과 [Alpha] 버튼은 그대로 두고 브러시 크기를 작게 해서 피부 질감을 표현해 줍니다. 피부는 머리카락보다 브러시를 더 작게 해서 표현해 줍니다. [Z Intentsity] 값은 **5** 정도로 줄여서 표현해 줍니다.

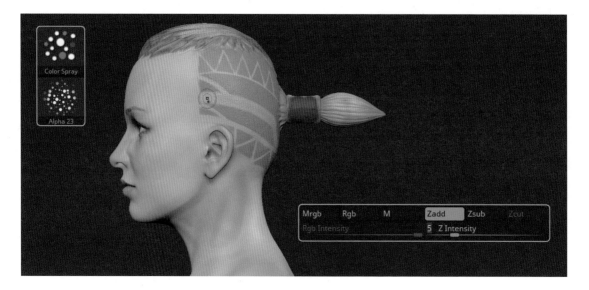

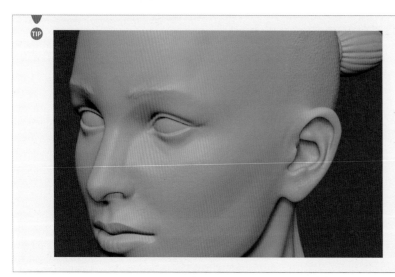

사람 피부는 당구공처럼 반질반질한 느낌이 아니라서 피부 질감을 표현해 주는 것이 좋습니다. [PolyPaint]로 작업할 때 [Rgb] 버튼과 함께 [Zadd] 버튼을 활성화하고 피부 질감까지 바로 작업해 줍니다.

11 포토샵에서 그림과 같이 문신 이미지를 만들어 줍니다.

12 [Stroke] 버튼을 클릭해서 그리는 방법을 [DragRect]로 바꾸고 [Alpha] 버튼을 클릭해서 [Import]로 제작한 문신을 선택합니다. 메뉴바에서 [Alpha] 메뉴를 선택하고 [Modify] 패널에서 옵션을 그림처럼 조정해 줍니다. 몸통에 드래그해서 문신을 적용해 줍니다. 검은색 부분은 뚫려 보이고 흰색 부분만 표시됩니다.

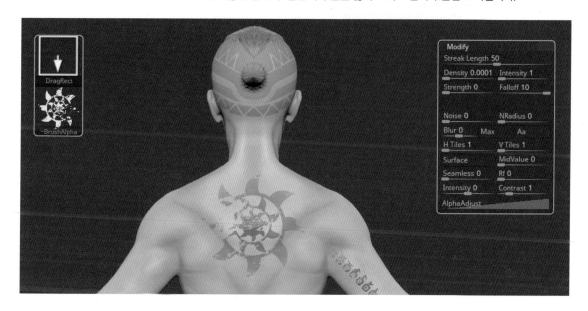

13 다른 문신들도 만들어 적용하고 전체적으로 꼼꼼하게 채색해서 마무리해 줍니다.

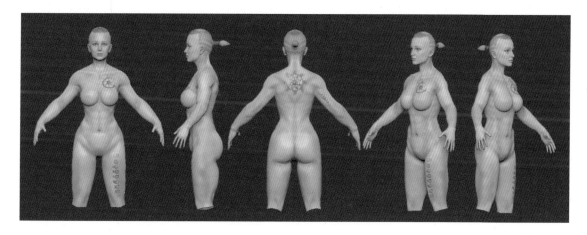

14 화면 오른쪽 [Tool] 패널에서 [UV Map] 메뉴의 [UV Map Size]로 텍스처의 크기를 정해 줍니다.

15 화면 오른쪽 [Tool] 패널 아래 [Texture Map]에서 네모칸을 클릭합니다. [Texture Map] 패널에서 [Create] 아래 [New From Polypaint] 버튼을 클릭하면 텍스처가 생성되어 네모칸에 나타납니다. [Clone Txtr] 버튼을 클릭해서 왼쪽 [Texture Off]로 보냅니다.

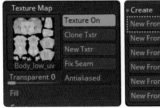 

예제 파일: Chapter02
└, Section03
└, Diffuse.PSD

16 [Textures] 패널 왼쪽 아래에 있는 [Export] 버튼을 클릭해 텍스처를 저장합니다.

 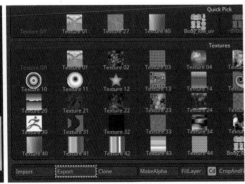 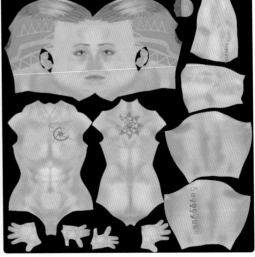

디퓨즈맵이 완성되었습니다. 일반적으로 포토샵에서 UV 이미지를 보고 2D 상태로 채색하는 것에 비해 ZBrush의 [PolyPaint] 기능으로는 3D상에서 바로 확인하면서 직관적으로 채색할 수 있습니다.

3.3 기타 맵소스 제작

이번 절에서는 기본 색 정보가 있는 디퓨즈맵 이외에 AO맵, 캐비티맵, 노멀맵을 제작하겠습니다. AO맵은 Ambient Occlusion의 약자로 오브젝트가 라이트에 노출되는 정도를 계산하는 음영 처리 렌더링 기법입니다. 캐비티맵은 AO맵과 비슷하게 음영을 나타내는 맵으로 좀 더 세밀한 음영 처리 텍스처라고 생각하면 됩니다. 노멀맵은 Z축 정보를 가진 맵소스로 로우 폴리곤을 하이 폴리곤처럼 보이게 해 줍니다.

AO맵과 캐비티맵

먼저 AO맵을 추출하겠습니다.

1 화면 오른쪽 [Tool] 패널에서 [Masking] → [Mask By AO] 아래에 있는 [Mask Ambient Occlusion] 버튼을 클릭하면 AO맵이 추출됩니다. 이때 [Occlusion Intensity]와 [AO ScanDisk], [AO Aperture] 값을 조절해서 추출해야 합니다.

 [Occlusion Intensity] 값을 올리면 그림자가 짙어집니다. [AO Aperture] 값을 올리면 그림자 영역이 커집니다. 값들을 조절하면서 적절한 결과물이 나올 때까지 테스트를 많이 해 봐야 합니다.

2 맵 추출과 관련된 계산이 끝나면, [Texture Map] 패널의 [Create] 메뉴 아래에 있는 [New Form Masking] 버튼을 클릭하면 AO맵이 만들어집니다.

예제 파일: Chapter02
∟ Section03
∟ AO.PSD

3 [Clone Txtr] 버튼을 클릭하면 왼쪽 [Texture Off]에 이미지가 복사됩니다. [Export] 버튼을 클릭해 텍스처를 저장합니다.

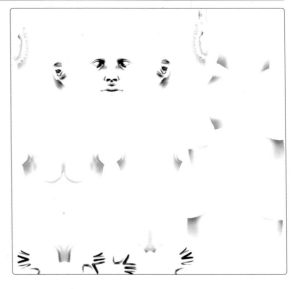

4 같은 방법으로 캐비티맵을 추출합니다. 캐비티맵은 AO맵이나 디퓨즈맵과 합성해서 세밀함을 올리거나 스펙큘러맵으로 사용할 수 있습니다.

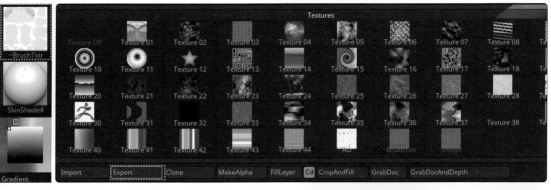

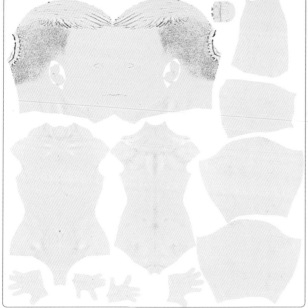

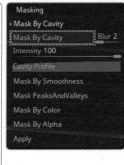

노멀맵

이제 노멀맵을 추출하겠습니다.

1 노멀맵은 [Tool] 패널의 [Geometry] 메뉴에서 [SDiv] 값을 1로 내려야 추출할 수 있습니다.

2 화면 오른쪽 [Tool] 패널에서 [Normal Map] 버튼을 클릭하면 나오는 패널에서 그림처럼 옵션을 선택하고 [Create NormalMap] 버튼을 클릭해서 노멀맵을 추출합니다.

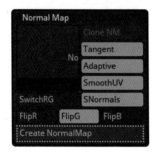

3 노멀맵에 관한 계산이 끝나면 [Clone NM] 버튼을 클릭해서 왼쪽 [Texture Off]에 복사합니다.

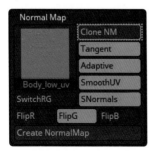

4 [Export] 버튼을 클릭해서 텍스처를 저장합니다.

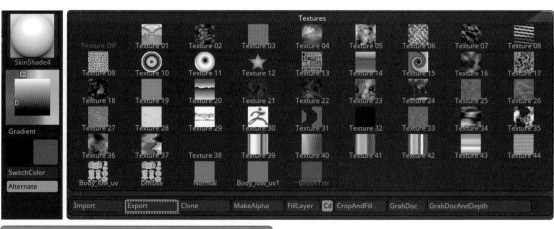

예제 파일: Chapter02
└,Section03
└,Normal.PSD

이제 텍스처 제작이 끝났습니다. 이외에도 고퀄리티 그래픽 게임은 훨씬 많은 텍스처들을 제작하여
적용하고 있습니다.

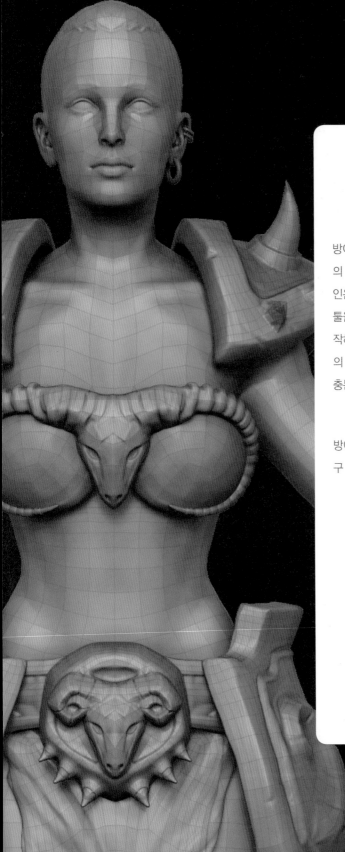

방어구 및 무기 제작

이번 챕터에서는 앞서 챕터2에서 배운 내용을 복습할 겸 방어구와 무기를 제작합니다. 또한 독자 여러분이 3ds Max 의 기본 사용법을 알고 있음을 전제로 설명합니다. 파이프라 인은 챕터2와 유사하지만 Substance Painter라는 새로운 툴을 소개하려고 합니다. Substance Painter는 텍스처를 제 작하는 데 유용한 툴입니다. 본문에서는 Substance Painter 의 기본 기능만 설명하지만 천천히 예제를 따라 하시면 툴을 충분히 이해하고 사용할 수 있습니다.

방어구는 각 파트별로 만드는 방법이 비슷하므로 가슴 방어구 제작 방법만 설명합니다. 나머지 방어구는 가슴 방어 구 제작을 참고하시기 바랍니다.

Chapter 03

Section 01

방어구

Section 02

무기

방어구

이전 섹션까지는 캐릭터의 인체를 제작했습니다. 이제부터는 캐릭터의 부속으로 방어구를 만들어 보겠습니다. 방어구를 만들 때는 하이 폴리곤 데이터에서 원하는 모양을 추출할 수도 있고, 3ds Max 프로그램으로 기본형을 만들어서 스컬핑할 수도 있습니다. 여기서는 ZBrush 프로그램에서 추출하는 방법으로 가슴 방어구를 만들어 보겠습니다. 또한 ZBrush 프로그램에서 UV 작업을 하고, Substance Painter 프로그램으로 텍스처를 제작하여 추출하는 방법을 소개합니다.

1.1 방어구 제작

방어구로는 가슴 갑옷, 어깨 갑옷, 귀걸이, 하체의 천 등을 제작하겠습니다. 여기서는 가슴 방어구를 예로 설명하고 나머지는 같은 방법으로 여러분이 직접 만들어 보시기 바랍니다.

방어구

예제 파일: Chapter03
└Section01
└Body_Sculpting03.
ZPR

1 몸을 만든 하이 폴리곤 데이터를 엽니다.

[Ctrl] 키를 누른 상태에서 그림처럼 가슴 방어구가 위치할 부분을 마스킹해 줍니다.

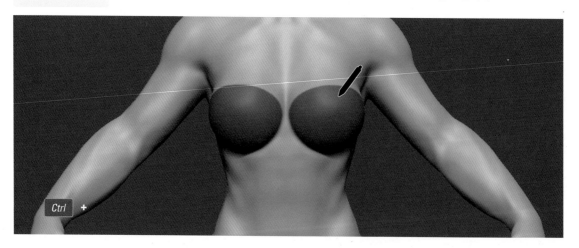

2 [Subtool] 패널 아래에 있는 [Extract] 버튼을 클릭하면 마스킹 부분이 추출됩니다. [Thick] 값을
조절해서 원하는 두께가 되었다면 [Accept] 버튼을 클릭합니다. 그러면 [Subtool] 패널에 새로운 레
이어가 만들어집니다. [Ctrl] 키를 누르고 캔버스의 빈 공간을 드래그해서 마스킹을 해제해 줍니다.

 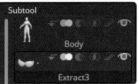

3 [Shift] 키를 누른 상태에서 Smooth 브러시로 모서리 부분을 문질러 부드럽게 만들어 줍니다.

4 그림처럼 가슴 방어구의 일부만 다시 마스킹해 줍니다.

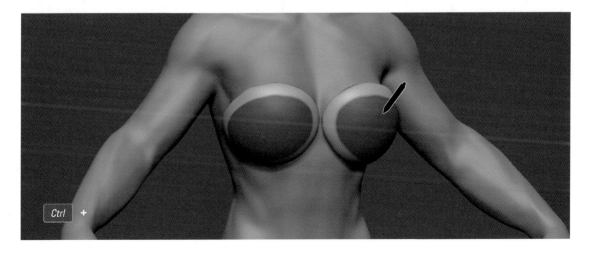

5 Standard 브러시나 Clay 브러시로 문질러서 마스킹이 안 된 부분이 튀어나오게 해 줍니다.

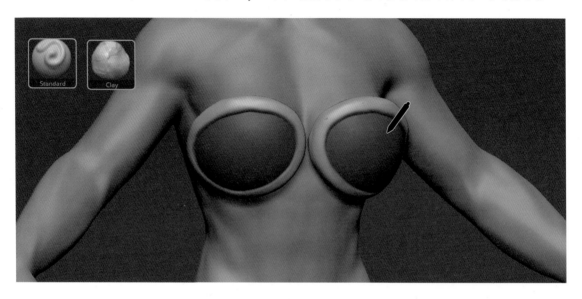

6 Pinch 브러시 등으로 그림처럼 가슴 보호구를 다듬어 줍니다.

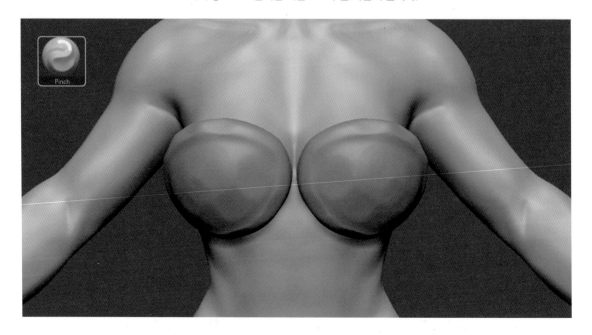

7 같은 방법으로 [Subtool] 패널에서 다시 몸통 부위를 선택하고 마스킹한 후에 [Extract] 버튼을 클릭해서 등 부위를 다듬어 줍니다.

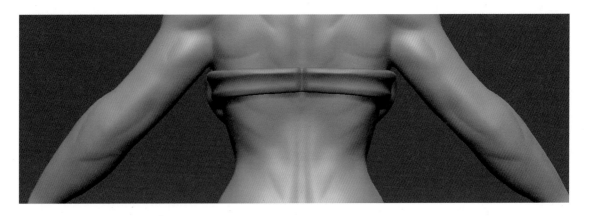

8 선택한 레이어를 바로 아래 레이어와 합칠 수 있는 [MergeDown] 기능이나 선택한 레이어를 바로 위 레이어와 합칠 수 있는 [MergeVisible] 버튼을 클릭하여 하나의 방어구 레이어로 만들어 줍니다.

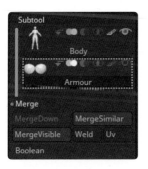

9 [Subtool] 패널 아래에 있는 [Insert] 버튼을 클릭해서 [Sphere3D] 오브젝트를 추가해 줍니다.

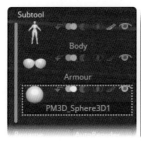

10 [Gizmo 3D]로 오브젝트의 크기와 위치를 조정해서 그림처럼 만들어 줍니다.

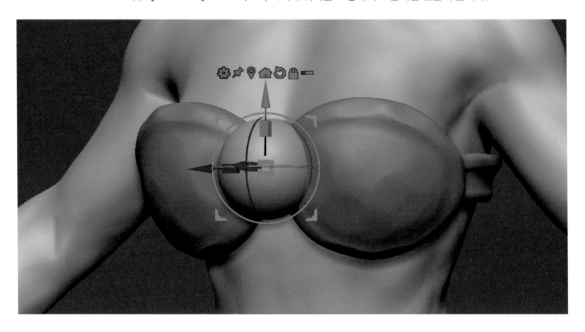

11 다양한 브러시를 사용해서 그림처럼 오브젝트를 스컬핑해 줍니다.

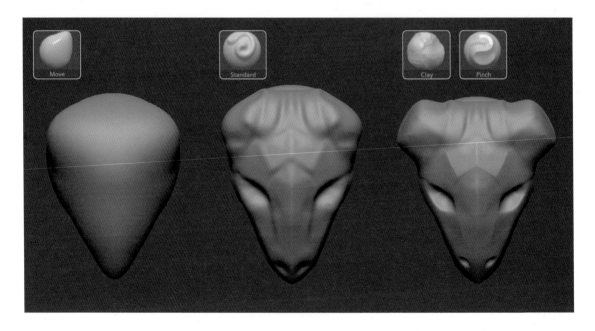

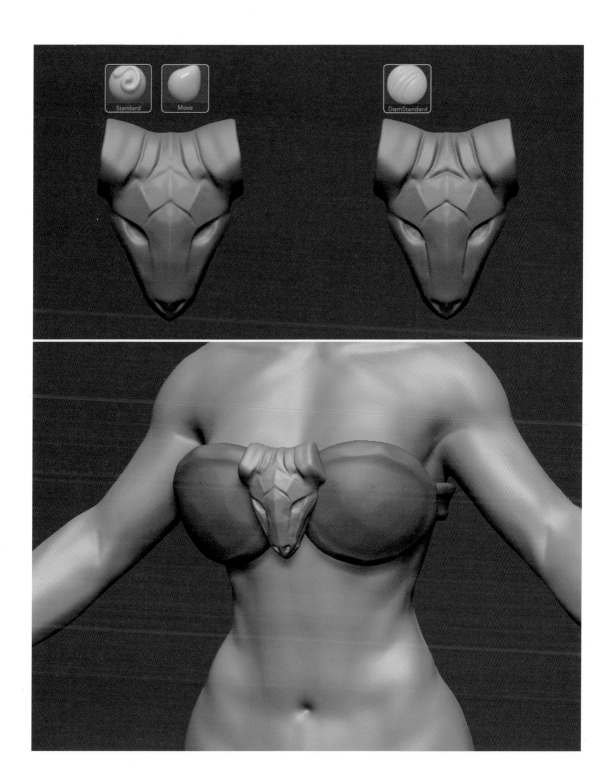

12 가슴 방어구에 뿔을 추가하겠습니다. 먼저 CurveTubeSnap 브러시를 선택합니다. 그런 다음 [Stroke] 메뉴를 클릭해서 나오는 [Curve Modifiers] 패널에서 그림처럼 옵션을 설정합니다.

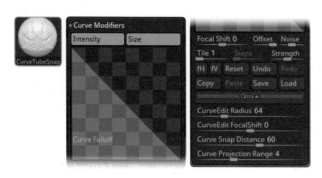

13 브러시를 가슴 중앙에서 바깥쪽으로 드래그해서 뿔을 만듭니다.

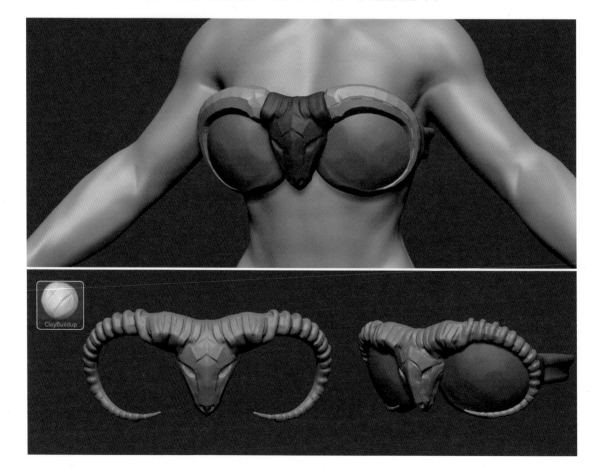

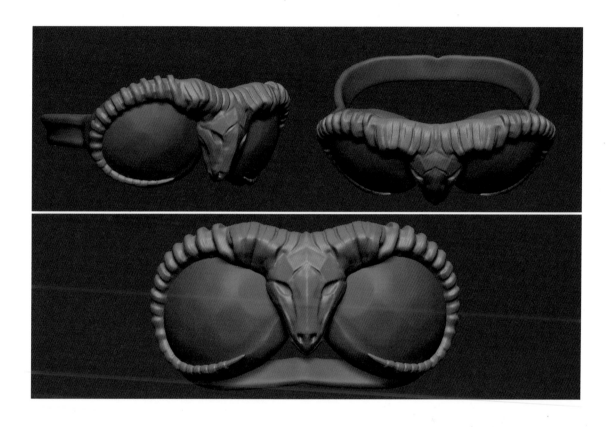

14 [Ctrl] 키를 누른 채로 캔버스의 빈 공간을 드래그해서 마스킹을 해제하고 세세하게 스컬핑해서 마무리합니다.

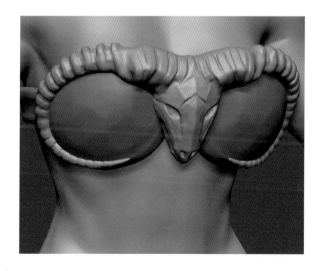

TIP [Subtool] 패널에서 [Rename] 버튼을 눌러 선택한 레이어의 이름을 바꿀 수 있습니다.

나머지 방어구도 같은 방법으로
제작합니다.

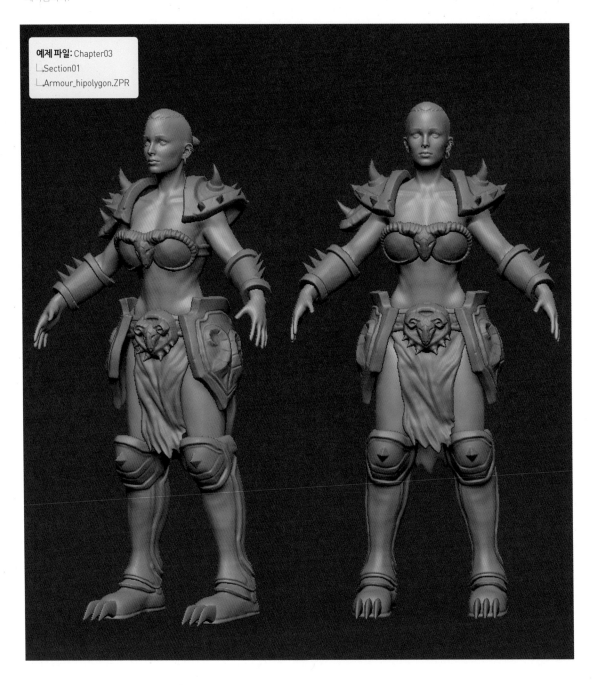

예제 파일: Chapter03
└ Section01
└ Armour_hipolygon.ZPR

로우 폴리곤 데이터

방어구를 로우 폴리곤 데이터로 만들어 보겠습니다.

1 [Subtool] 패널에서 [Duplicate] 버튼을 클릭해서 방어구 레이어를 하나 복사합니다.

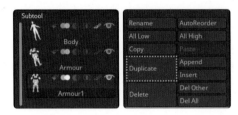

2 [Shift] 키 + [F] 키를 눌러 와이어가 보이게 합니다. 복사한 레이어를 선택하고, 화면 오른쪽 [Tool] 패널에서 [Polygroups] 아래에 있는 [Auto Groups] 버튼을 클릭해 오브젝트 각각을 하나의 그룹으로 만들어 줍니다.

3 좌우 대칭인 부분과 비대칭인 부분으로 오브젝트를 나누어 주겠습니다. [Crtl] 키 + [Shift] 키를 누른 상태에서 비대칭인 부분인 어깨 방어구, 귀걸이, 하체의 천 부분을 클릭해서 숨겼습니다.

4 화면 오른쪽 [Tool] 패널에서 [Polygroups] 메뉴 아래에 있는 [GroupVisible] 버튼을 클릭해서 보이는 부분을 하나의 그룹으로 만들어 줍니다. 제각각이던 색이 하나로 표현됩니다.

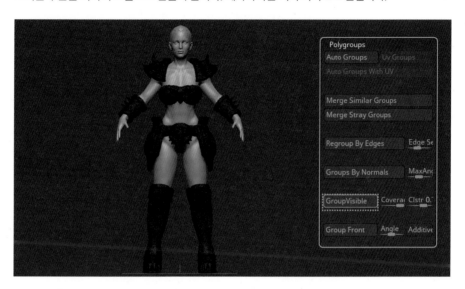

5 [Crtl] 키 + [Shift] 키를 누른 상태에서 캔버스의 빈 공간을 드래그하여 반전시킵니다. 앞서 숨김 처리했던 비대칭 방어구가 나타납니다.

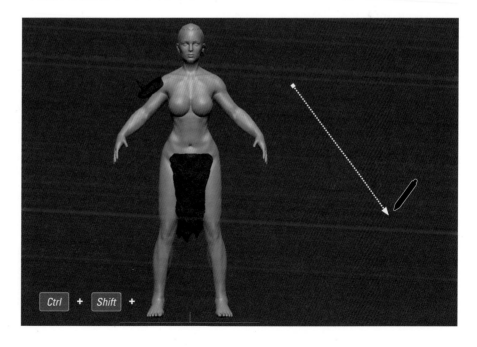

6 화면 오른쪽 [Tool] 패널에서 [Polygroups] 아래에 있는 [GroupVisible] 버튼을 클릭해서 보이는 부분을 하나의 그룹으로 만들어 줍니다.

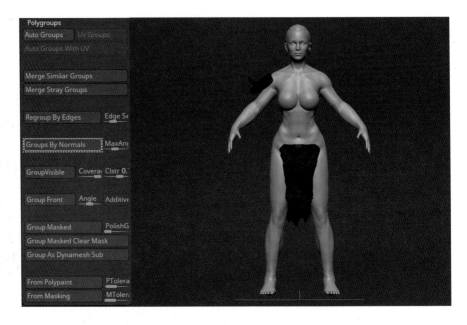

7 [Crtl] 키 + [Shift] 키를 누른 상태에서 캔버스의 빈 공간을 클릭하여 숨김 오브젝트를 보이게 합니다. 이제 좌우 대칭과 비대칭 그룹으로 나뉘었습니다.

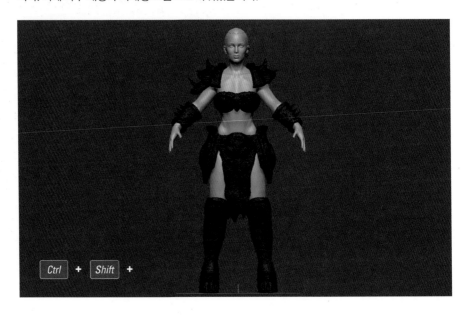

8 [Subtool] 패널에서 [Split] 아래에 있는 [Groups Split] 버튼을 클릭합니다. 경고창이 뜨면 [OK] 를 클릭합니다. 그러면 레이어가 나누어집니다.

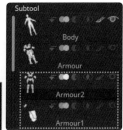

9 좌우 대칭인 레이어를 선택한 상태에서 [Tool] 패널에서 [Geometry] 메뉴의 [ZRemesher] 아래 에 있는 [Target Polygons Count] 값을 **1**로 하고 [ZRemesher] 버튼을 클릭합니다. 이때 메뉴바에 서 [Transform] 메뉴를 클릭하면 나오는 패널에서 [Activate Symmetry] 버튼이 활성화되어 있는 지 확인합니다. 이 버튼이 활성화되어 있어야 좌우 대칭으로 면이 재구성됩니다.

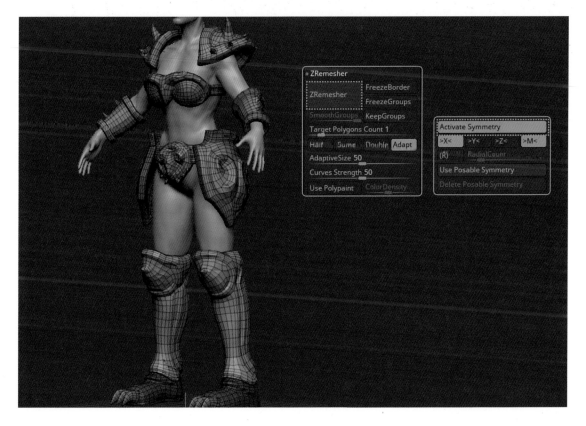

10 비대칭인 부분 역시 [ZRemesher]를 적용합니다. [ZRemesher] 아래에 있는 [Target Polygons Count] 값을 **0.3**으로 하고 [Activate Symmetry] 버튼은 비활성화합니다.

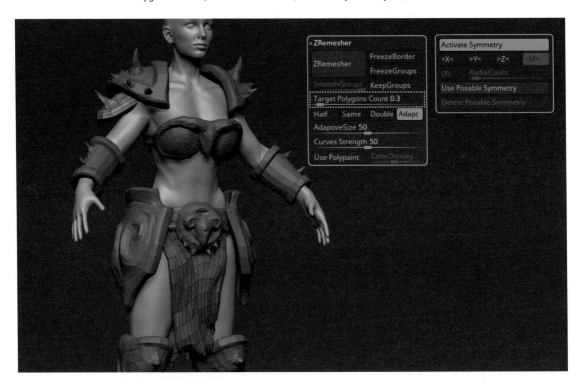

11 대칭 부분 레이어와 비대칭 부분 레이어를 [Subtool] 패널의 [Merge] 메뉴 아래에 있는 [MergeDown] 버튼을 클릭해서 다시 하나의 레이어로 만들어 줍니다.

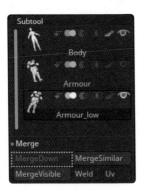

UV 작업

ZBrush 프로그램의 [UV Master]를 이용해 방어구에 UV 작업을 하겠습니다.

1 각 그룹별로 UV 작업을 하기 위해 [Polygons] 메뉴 아래에 있는 [Auto Groups] 버튼을 눌러 각 파트를 모두 다른 그룹으로 만들어 줍니다. (각 파트별 색이 달라집니다.)

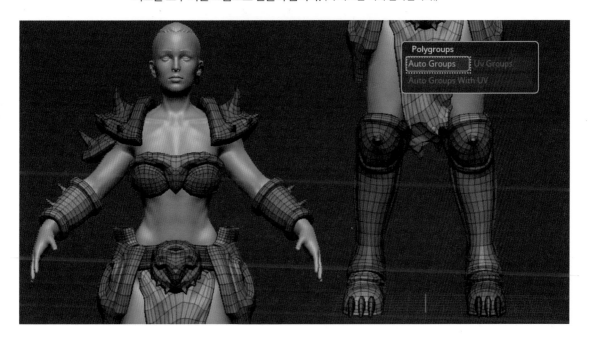

2 메뉴바에서 [Zplugin] 패널의 [UV Master] 메뉴 아래에 있는 [Work On Clone] 버튼을 클릭해 서 복사본을 하나 만듭니다. [Unwrap] 버튼을 클릭하여 UV 작업을 합니다. 이때 [Polygroups] 버튼 이 활성화되어 있어야 합니다.

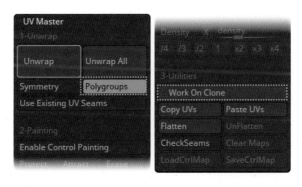

3 [Flatten] 버튼을 클릭해서 UV 상태를 확인합니다.

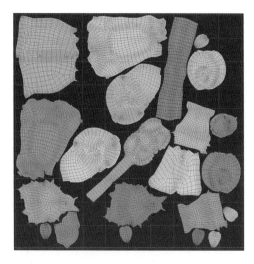 

4 [UnFlatten] 버튼을 클릭해서 UV 화면을 해제하고 [Copy UVs] 버튼을 클릭합니다.

5 화면 오른쪽 [Tool] 패널에서 원본 데이터를 선택합니다. 참고로 복사본은 [CL_Armour_low]입니다.

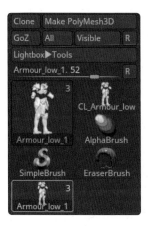

6 [Paste UVs] 버튼을 클릭해서 UV를 원본 데이터에 복사합니다.

예제 파일: Chapter03
└ Section01
└ Armour_ZRemesher.ZPR

7 Substance Painter 프로그램에서 텍스처를 추출하기 위해서는 로우 폴리곤 데이터와 하이 폴리곤 데이터가 모두 있어야 합니다. 먼저 로우 폴리곤 데이터부터 저장하겠습니다. ZBrush에서 Armour_low 레이어를 선택하고 [GoZ] 버튼을 클릭해서 데이터를 3ds Max 프로그램으로 보냅니다.

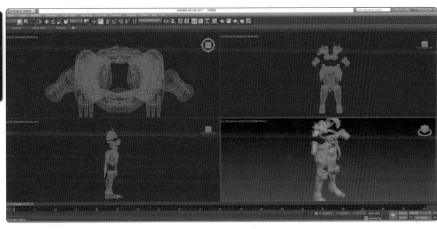

8 3ds Max에서 [File] → [Export] → [Export]로 저장해 줍니다.

TIP　FBX 파일이 실제 게임에서 사용할 데이터입니다. ZBrush에서도 FBX 파일로 저장할 수 있지만 3ds Max에서 폴리곤을 정리하고 FBX 파일로 저장하는 것이 좋습니다.

9 [FBX] 옵션은 그림처럼 해 줍니다.

예제 파일: Chapter03
└ Section01
└ Armour_lowpolygon.FBX

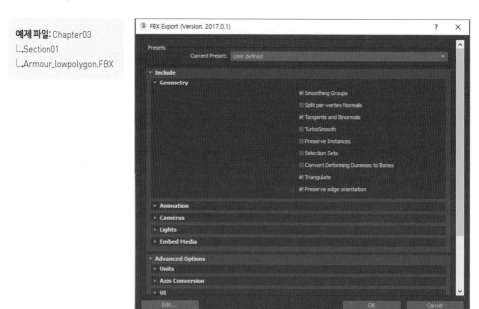

10 하이 폴리곤 데이터인 Armour 레이어도 FBX 파일로 저장해야 합니다. 그런데 하이 폴리곤 데이터는 용량이 너무 커서 바로 다른 프로그램으로 가져갈 수 없습니다. 따라서 용량을 줄여 보겠습니다. [Decimation Master] 기능을 이용하면 형태는 유지하면서 폴리곤 수를 줄일 수 있습니다.

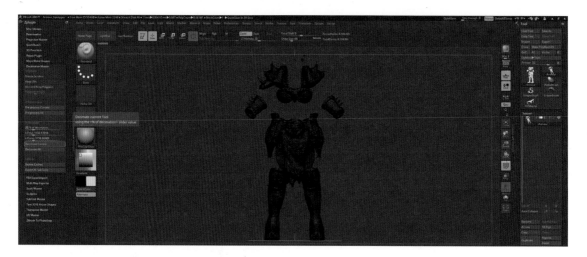

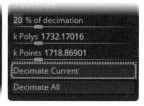

▸ 메뉴바에서 [Zplugin] → [Decimation Master]에서 [% of decimation] 값을 **20**으로 조정합니다.

▸ 전체 폴리곤 수를 20%로 만들겠다는 의미입니다. 이 값은 컴퓨터 사양에 따라 조절하면 됩니다.

▸ [Pre-process Current] 버튼을 클릭해서 계산합니다.

▸ 계산이 끝나면 [Decimate Current] 버튼을 클릭해서 작업을 완료합니다.

Decimation 작업 전	Decimation 작업 후
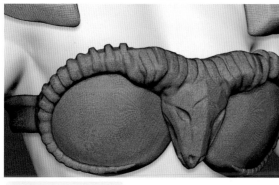	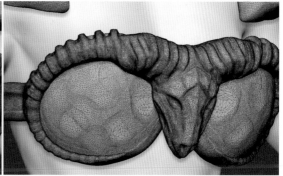

예제 파일: Chapter03
└Section01
└Armour_decimation.ZPR

▸ [Decimation] 작업이 끝난 데이터를 보면 스컬핑된 곳은 폴리곤이 촘촘하고 그렇지 않은 곳은 폴리곤이 듬성듬성합니다.

11 메뉴바 → [Zplugin] → [FBX ExportImport] → [Export] 버튼을 눌러 FBX 파일로 저장합니다.

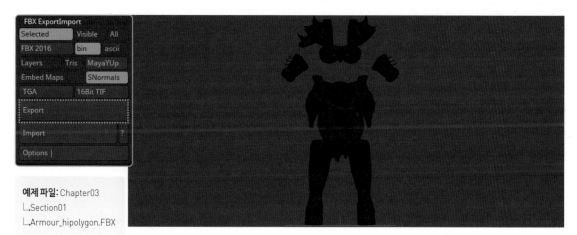

예제 파일: Chapter03
└Section01
└Armour_hipolygon.FBX

방어구가 완성되었습니다. 기본적인 제작 방식은 몸통과 같습니다. [Polygroups] 개념을 잘 이해 하시기 바랍니다.

1.2 텍스처 제작(Substance Painter)

몸통 텍스처는 ZBrush 프로그램으로 제작했습니다. 방어구는 Substance Painter 프로그램으로 제작해 보겠습니다. 각 프로그램마다 장단점이 있으며, 상호 보완적인 기능을 합니다.

이제 방어구의 텍스처를 Substance Painter 프로그램으로 제작하겠습니다. 이 프로그램은 알레고 리드믹(Allegorithmic)에서 만든 3D 페인팅 툴입니다. 이 프로그램은 물리 기반 렌더링 툴이며, 채색 하듯이 질감을 표현할 수 있고, 실사 기반 그래픽을 구현할 수 있습니다. 여기서는 기본 텍스처 제작 과 추출 방법에 대해서만 설명하도록 하겠습니다.

텍스처 제작

1 Substance Painter 프로그램을 실행합니다. 현재 2018.1 버전까지 나와 있으며, 여기서는 2.51 버전 기준으로 설명하겠습니다. 기본적인 사용 방법은 버전에 따라 크게 다르지 않습니다.

2 메뉴바에서 [File] → [New] 메뉴를 눌러 시작합니다.

3 [New project] 창에서 [Select…] 버튼을 클릭해서 로우 폴리곤 데이터를 선택합니다. 화면에 로 우 폴리곤 데이터와 UV가 보입니다.

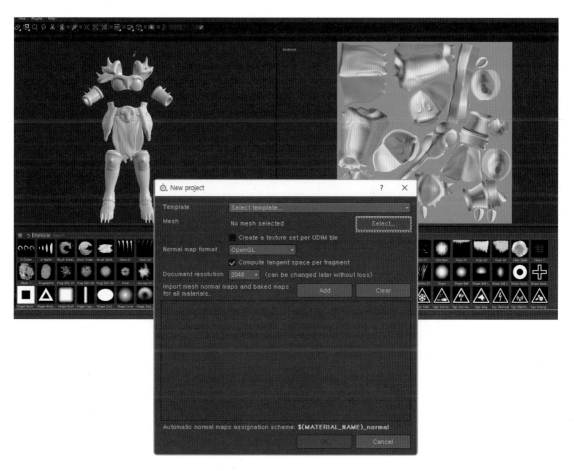

4 다음으로 하이 폴리곤 데이터를 불러오겠습니다. [TexturesSet Settings] 패널에서 [Bake Textures] 버튼을 클릭해 [Baking] 창을 띄웁니다.

5 오른쪽 [High poly parameters] → [High Definition Meshes]에서 [🖹] 버튼을 클릭해서 하이 폴리곤 데이터를 선택합니다. [Output Size] 값을 **2048**로 설정하고 나머지 옵션은 그대로 사용합니다.

6 [Bake Default textures] 버튼을 클릭하면 텍스처를 추출하기 위해 필요한 계산을 하고, 로우 폴리곤 데이터와 UV가 노멀맵에 의해 하이 폴리곤처럼 보이게 됩니다. [TexturesSet Settings] 창을 보면 각각의 이미지들이 추출된 것을 확인할 수 있습니다.

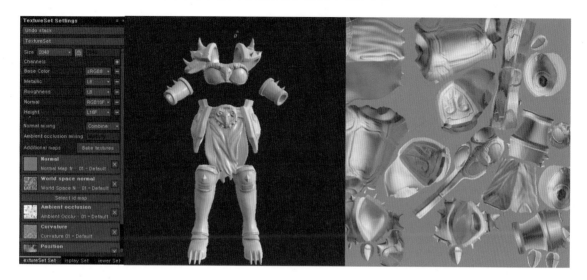

7 갑옷의 텍스처를 만들기 위해 [Shelf] → [Smart materials]에서 [Steel Gun Mat] 버튼을 선택해서 드래그 앤 드롭으로 [Layers]에 가져다 놓습니다. 그러면 오브젝트에 재질이 적용됩니다.

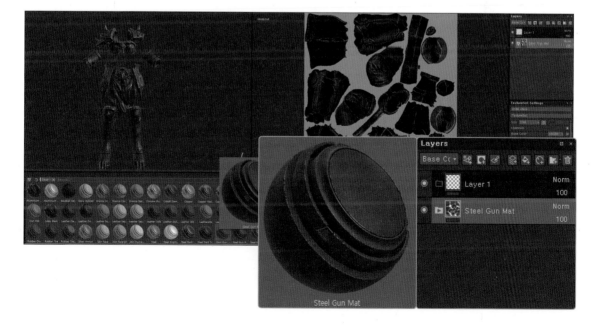

8 같은 방법으로 [Silver Armor]도 [Layers]에 가져다 놓습니다. 이 창은 포토샵의 레이어와 같은 개념입니다. [Steel Gun Mat]이 상위 레이어가 되었고, 오브젝트는 여전히 [Steel Gun Mat] 재질만 적용되어 있습니다.

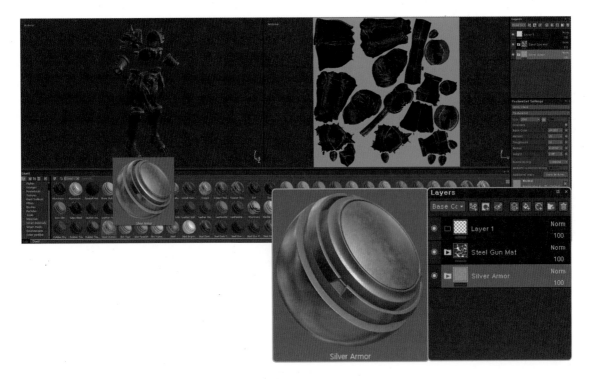

9 [Steel Gun Mat] 재질을 선택하고 마우스 오른쪽 버튼을 클릭하여 [Add white mask] 메뉴로 마스크를 추가합니다. 여기서 마스크는 흰색은 투과하지 않고 검은색만 투과하는 개념입니다.

10 [Properties – Paint] 창에서 [Color]가 검은색인지 확인합니다. 위쪽 툴에서 [Symmetry] 버튼(⬚⬚)을 활성화해서 좌우 대칭을 적용하고 그림처럼 가슴 방어구를 채색해 줍니다. 마스크 레이어에 검은색이 칠해지면서 투과되어 Steel Gun Mat 레이어 아래에 있는 Silver Armor 레이어가 보이게 됩니다.

TIP

[Alt] 키 + 마우스 왼쪽 클릭으로 화면을 회전시킵니다.

[Alt] 키 + 마우스 오른쪽 클릭으로 화면을 줌 인, 줌 아웃시킵니다.

[Alt] 키 + 마우스 휠 클릭으로 화면을 팬시킵니다.

11 같은 방법으로 모든 오브젝트들을 칠합니다.

12 [Leather Fine Aged] 재질을 Steel Gun Mat 레이어 위에 드래그 앤 드롭으로 추가해 줍니다. 그리고 마우스 오른쪽 버튼을 클릭하여 [Add black mask]로 마스크를 추가합니다. 검은색 마스크라 투과되어 [Leather Fine Aged] 재질은 안 보이고 [Steel Gun Mat] 재질만 보입니다.

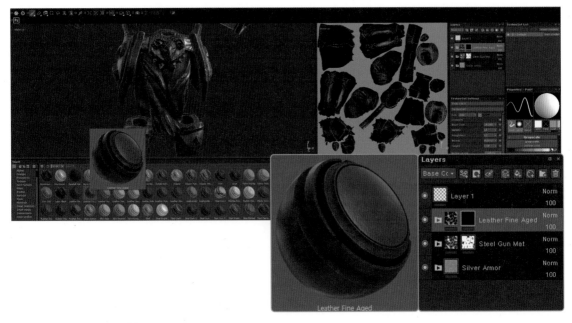

13 [Properties – Paint] 창에서 [Color]가 검은색인지 확인합니다. 마스크 레이어에 흰색이 칠해지면서 [Leather Fine Aged] 재질이 보이게 됩니다.

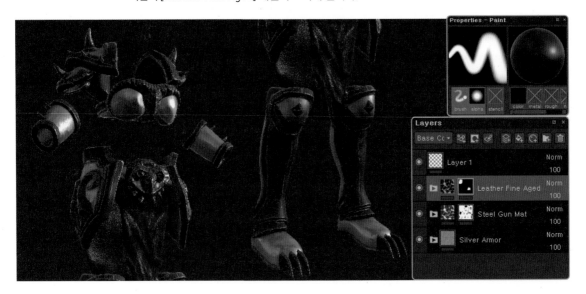

Substance Painter 프로그램은 이외에도 여러 가지 기능이 있어서 지금보다 훨씬 품질이 좋은 텍스처를 제작할 수 있습니다. 그 외 다양한 기능은 다음 기회에 설명하도록 하고 Substance Painter 프로그램에서 텍스처 제작은 이것으로 마무리하겠습니다.

텍스처 저장

앞서 생성한 텍스처들을 저장하겠습니다.

1   메뉴바에서 [File] → [Export Textures...] 메뉴를 선택합니다.

2   [Export document…] 창이 뜹니다. 저장 경로와 확장자를 지정합니다. 예시로 Targa 파일로 저장하겠습니다. [Config] 필드에서 원하는 엔진을 정해 주고 [Export]를 하면 됩니다. 엔진별로 조금씩 텍스처가 다릅니다. 여기서는 기본 설정으로 [Export]를 해 주었습니다.

3 추출된 텍스처들을 확인합니다. 파일 이름을 [Armour_]로 바꾸어 줍니다.

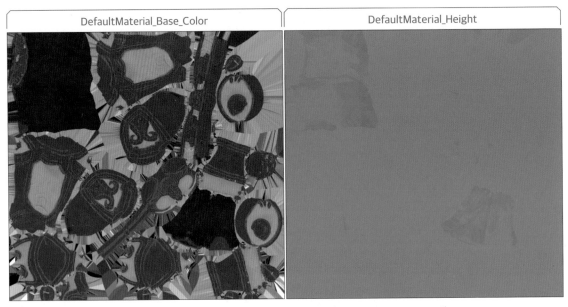

▸ Base Color 텍스처는 기본 색 정보만 가지고 있는 텍스처입니다.

▸ Height 텍스처는 표면에서 튀어나와 보이는 정도를 표현해 주는 텍스처입니다.

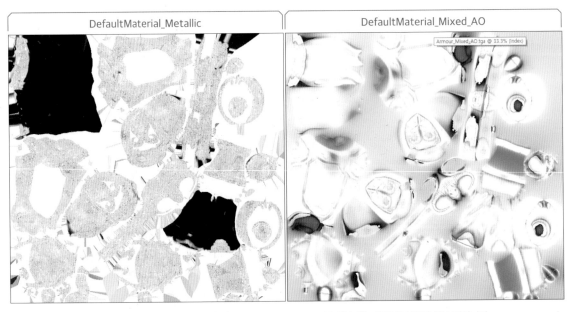

▸ Metallic 텍스처는 말그대로 금속성 여부를 표현해 주는 텍스처입니다.

▸ Mixed AO 텍스처는 음영을 표현한 텍스처입니다.

DefaultMaterial_Normal_OpenGL	DefaultMaterial_Roughness

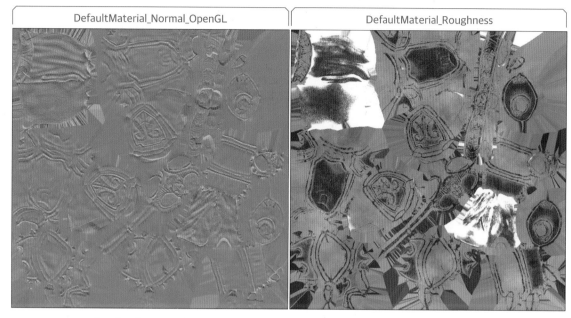

▸ Normal OpenGL 텍스처는 Z축 개념을 가지는 텍스처입니다.

▸ Roughness 텍스처는 오브젝트 표면의 질감을 표현하는 텍스처입니다. 표면이 거칠수록 빛의 산란이 불규칙하고, 하이라이트가 약해집니다. 반대로 표면이 부드러우면 하이라이트가 강해집니다.

지금까지 Substance Painter에서 텍스처들을 제작했습니다. Substance Painter는 PBR(물리 기반 렌더링) 기능에 최적화되어 있어서 실사 느낌의 텍스처를 제작하는 데에 유용합니다. 또한, 활용하기에 따라 카툰 느낌의 텍스처도 제작할 수 있습니다.

TIP **https://www.allegorithmic.com/**
Substance Painter 제작사 홈페이지입니다. 튜토리얼과 다양한 정보를 얻을 수 있습니다.

🔔 Substance Painter 툴바

 Paint: 기본적인 브러시입니다.

 Eraser: 지우개입니다.

 Projection: 불러온 이미지를 오브젝트에 입힐 수 있습니다.

 Polygon Fill: 특정 폴리곤을 선택해서 원하는 재질(Material)을 적용할 수 있습니다.

 Smudge: 선택한 부분의 재질을 번지게 합니다.

 Clone Tool: 선택한 부분의 재질을 복사 적용합니다.

 Material Picker: 선택한 부분의 재질 속성을 추출합니다.

 Symmetry: 대칭으로 페인팅할 수 있게 합니다.

 3D/2D: 3D 또는 2D로 화면 구성을 바꿉니다.

 Constrained Rotation: 화면의 회전 방식을 바꿉니다.

 Perspective View: 화면을 Perspective 또는 Orthographic 방식으로 바꿉니다.

 Rendering (Iray): Iray 렌더링 프로그램을 활성화합니다.

 Lazy Mouse: 마우스(또는 태블릿)로 드래그할 때 끊기지 않게 그려줍니다.

 Export to Photoshop: PSD 파일로 저장합니다.

SECTION

02

무기

이번 섹션에서는 방어구 다음으로 무기를 제작해 보겠습니다. 먼저 3ds Max에서 더미 데이터를 제작하고 ZBrush에서 스컬핑하여 완성한 후 인게임 데이터인 로우 폴리곤 데이터를 제작하겠습니다. UV 작업은 다시 3ds Max에서 하고 텍스처 제작은 방어구와 마찬가지로 Substance Painter에서 진행하겠습니다.

2.1 더미 데이터 제작하기

3ds Max에서 더미 데이터를 제작하겠습니다.

1 [Command Bar] → [Create] → [Geometry] → [Standard Primitives] → [Box]를 선택해서 [Front Viewport]에서 생성해 줍니다. [Modify] 탭에서 [Length Segs]는 **2**, [Width Segs]는 **2**, [Height Segs] **6**으로 합니다.

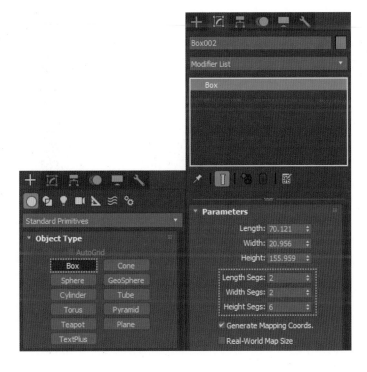

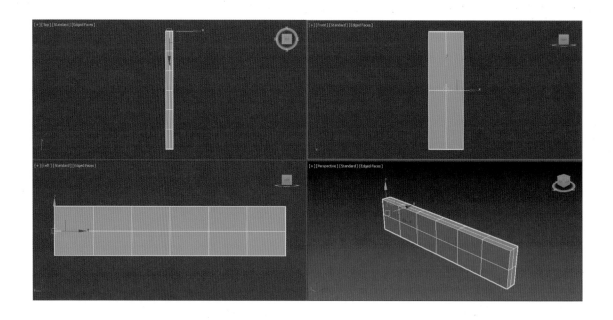

2 생성된 박스를 모델링하겠습니다. 박스를 선택하고 마우스 오른쪽 버튼을 클릭하여 [Convert To] 메뉴의 [Convert to Editable Poly] 기능으로 모델링 가능한 Poly 상태로 만들어 줍니다.

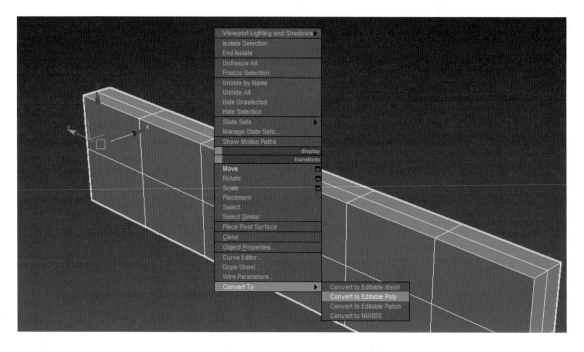

3 [Modify] 탭의 [Selection] 메뉴 롤 아웃에서 [vertex]를 선택해서 [Move] 기능으로 그림처럼 만들어 줍니다.

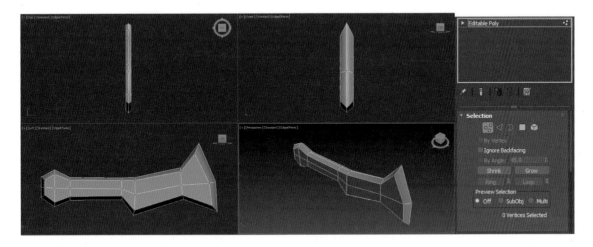

4 모양을 좀 더 디테일하게 만들기 위해 [Edge]를 추가하겠습니다. [Selection] 롤 아웃에서 [Edge]를 선택해서 그림처럼 [Edge]들을 선택합니다.

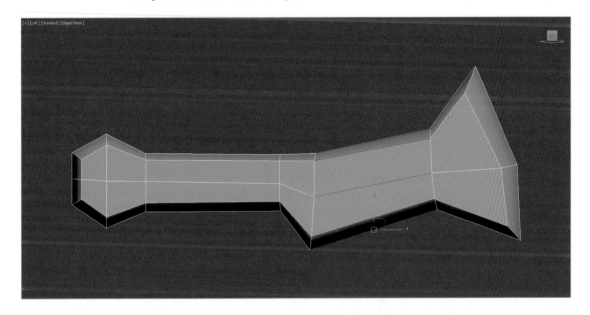

5 마우스 오른쪽 버튼을 클릭하여 [Connect] 메뉴의 왼쪽에 있는 Settings 아이콘(□)을 클릭합니다.

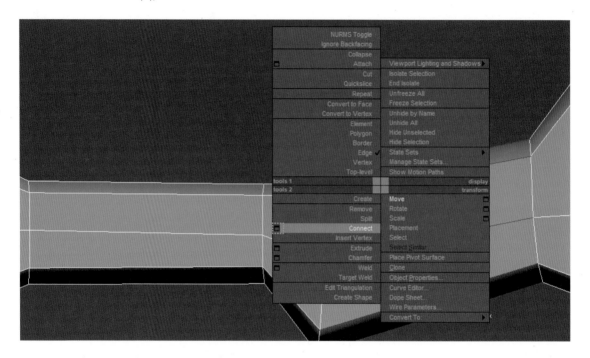

6 [Segments] 값을 3으로 하고(▤ 3), [OK] 버튼(✓)을 눌러 줍니다.

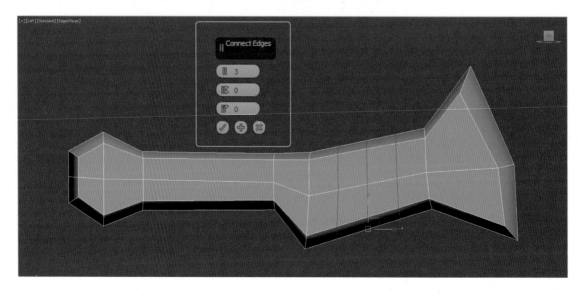

7 선이 3줄 추가 되었습니다. 추가한 선 윗부분에 있는 [Vertex] 3개를 선택합니다.

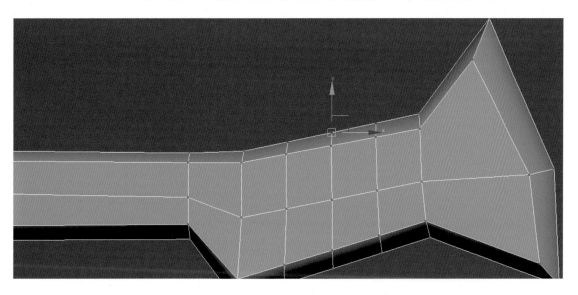

8 다시 마우스 오른쪽 버튼을 클릭하여 [Extrude] 메뉴의 왼쪽에 있는 Settings 아이콘(■)을 선택합니다.

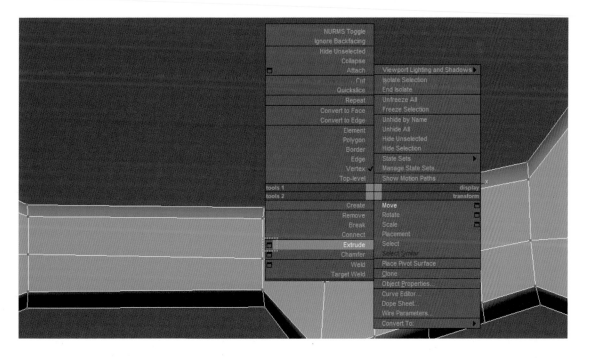

9 [Height]와 [width] 값을 조절해서 그림처럼 만들어 줍니다.

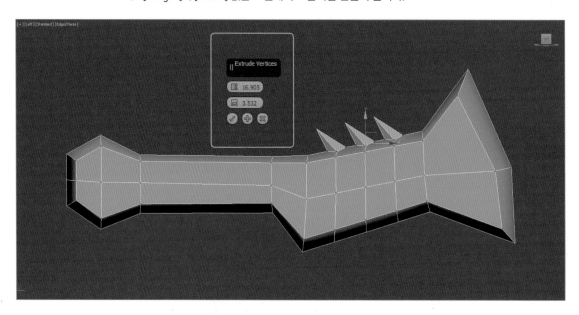

10 [Vertex]들을 정리해서 그림처럼 만들어 줍니다.

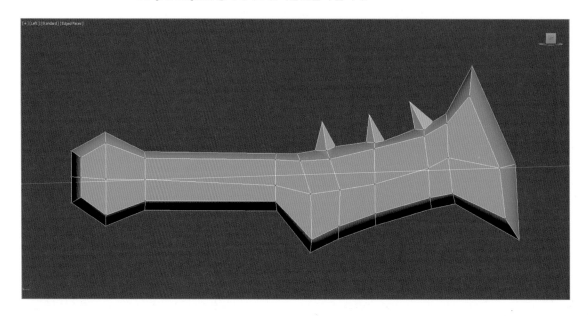

11 이제 손잡이를 만들겠습니다. [Create] → [Geometry] → [Sphere]를 선택해서 [Viewport]에 드래그하여 생성해 줍니다. [Modify] 탭에서 [Segments] 값을 **12**로 해 줍니다.

12 마우스 오른쪽 버튼을 클릭하여 [Convert To] → [Convert to Editable Poly]로 바꾸고 [Vertex]를 다듬어 그림처럼 만들어 줍니다.

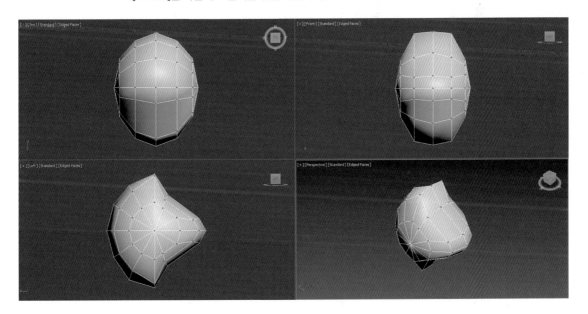

13 같은 방법으로 [Cylinder]를 하나 만듭니다. 이때 [Cylinder Segments] 값은 **5**, **1**, **8**로 합니다. [Vertex]를 수정하여 그림처럼 만들어 줍니다.

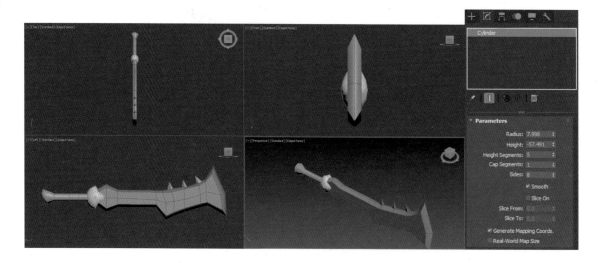

예제 파일: Chapter03
└Section02
└Sword_dumy.max

14 임의의 오브젝트를 선택하고 [Modify] 탭에서 [Attach] 기능으로 나머지 오브젝트들을 클릭해서 하나의 오브젝트로 만들어 줍니다. 더미 데이터가 완성되었습니다.

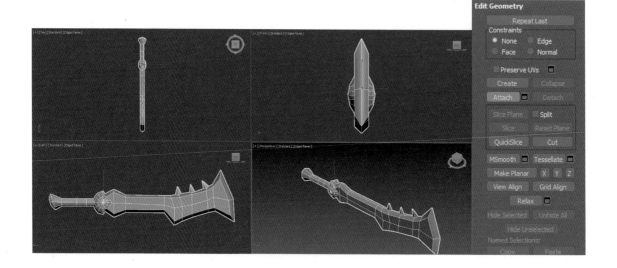

2.2 하이 폴리곤 데이터 제작하기

더미 데이터를 ZBrush에서 스컬핑하여 하이 폴리곤 데이터로 만들겠습니다.

1 더미 데이터를 선택하고 메뉴바 → [GoZ] → [Edit in ZBrush]를 실행합니다.

2 더미 데이터가 ZBrush로 넘어옵니다. ZBrush 화면 중앙에 드래그하면 오브젝트가 생성됩니다. 단축키 [T] 또는 왼쪽 상단 셀프에서 [Edit] 버튼(▣)을 눌러 3D 모드로 바꾸어 줍니다. 왼쪽 셀프에서 [Material]은 [MatCap Gray]로 바꾸어 줍니다.

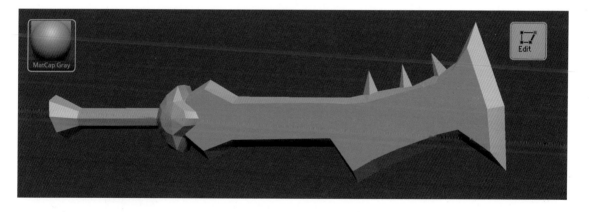

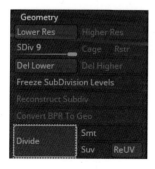

3 우측 트레이의 [Geometry] 패널에서 [Smt] 버튼을 비활성화하고 [Divide] 버튼을 반복해서 눌러 [SDiv] 값을 올려 줍니다.

> **TIP** [Smt] 버튼을 해제하고 [Divide] 기능을 적용하면 형태를 유지하면서 면이 늘어납니다.

4 스컬핑해서 그림처럼 만들어 줍니다.

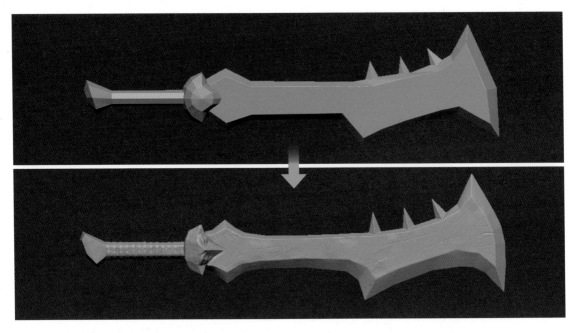

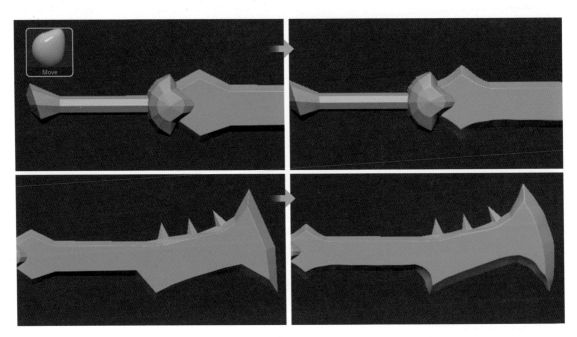

▸ Move 브러시로 형태를 다듬어 줍니다.

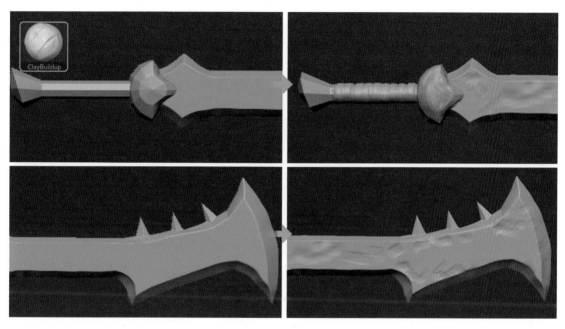

▸ ClayBuildup 브러시로 질감을 표현해 줍니다.

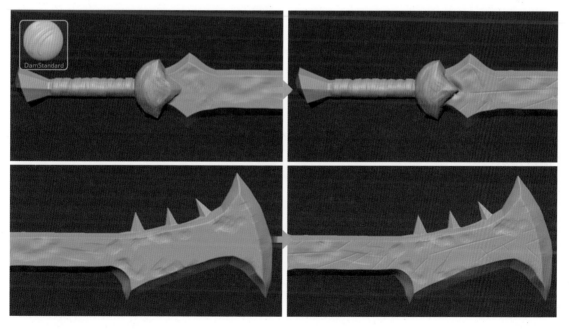

▸ DamStanard 브러시로 스크래치 등을 표현해 줍니다.

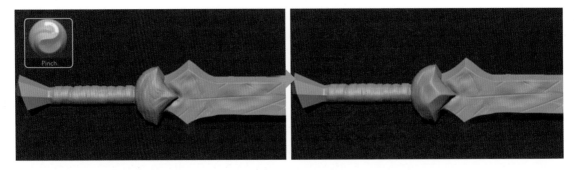

▸ Pinch 브러시로 모서리를 각지게 다듬어 줍니다.

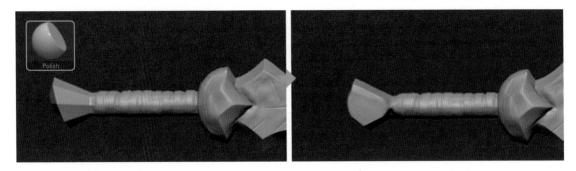

▸ Polish 브러시로 평평하게 할 부분을 다듬어 줍니다.

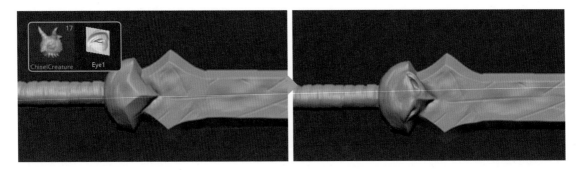

▸ ChiselCreature 브러시의 [Eye1]로 칼받침대 부분의 모양을 다듬어 줍니다.

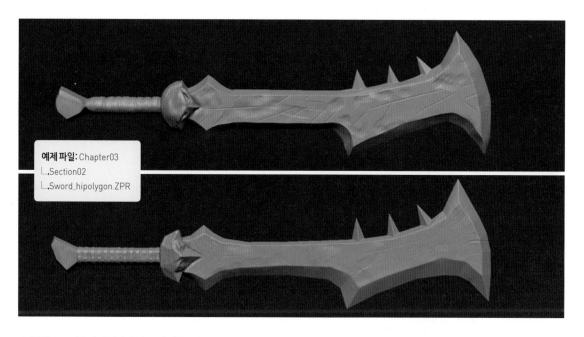

▸ 전반적으로 다듬어서 하이 폴리곤 데이터를 완성해 줍니다.

예제 파일: Chapter03
└ Section02
└ Sword_hipolygon.FBX

5 메뉴바 → [Zplugin] → [FBX ExportImport] → [Export] 버튼을 눌러 FBX 파일로 저장합니다.

방어구는 [Decimation] 기능으로 용량을 줄였으나, 무기는 방어구에 비해 용량이 크지 않으므로 그냥 저장히겠습니다.

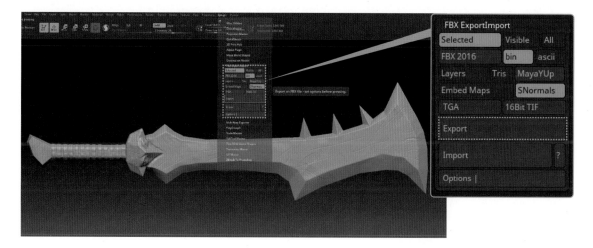

2.3 로우 폴리곤 데이터 제작하기

인게임에서 사용할 로우 폴리곤 데이터를 만들겠습니다.

1 우측 트레이 → [Tool] → [Geometry] → [ZRemesher]에서 [ZRemesher] 버튼을 눌러 로우 폴리곤 데이터로 만들어 줍니다. 이때 [Target Polygons Count]는 **1**, [AdaptiveSize]는 **20**, [Curves Strength]는 **20**으로 해 줍니다.

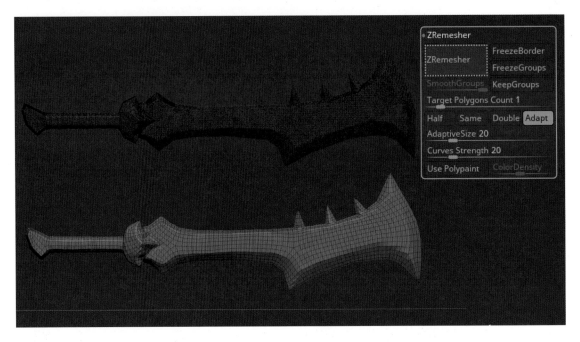

🔔 [AdaptiveSize]와 [Curves Strength] 값은 테스트해서 적당한 모양과 폴리곤 수를 정해 줍니다.

2 우측 트레이 → [Tool] → [GoZ] 버튼을 눌러 데이터를 3ds Max로 보냅니다.

3 불필요한 선들을 정리합니다. 키보드 7번을 눌러 폴리곤 수를 확인합니다. 현재는 2,896 Polys로 적당한 폴리곤수의 로우 폴리곤 데이터가 완성되었습니다.

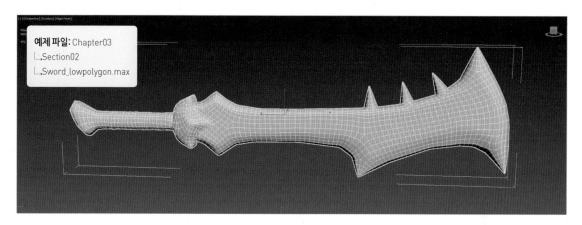

2.4 UV 작업

매핑 작업을 위해 3ds Max에서 로우 폴리곤 데이터로 UV 작업을 진행하겠습니다.

1 [무기] 오브젝트를 선택하고 [Modify] 탭에서 [Unwrap UVW] 명령을 줍니다.

2 불필요한 녹색선을 안 보이게 하기 위해 [Configure] 롤 아웃 → [Display] → [Map Seams] 패널의 체크 표시를 해제합니다.

3 무기의 모양이 좌우 대칭이긴 하지만 좌우를 다르게 매핑하기 위해 모두 펼치도록 하겠습니다. 먼저 좌우 둘로 나누겠습니다. [Selection]에서 [Edge]를 선택하고 무기의 중앙 [Edge]를 하나 선택합니다. [Loop]를 눌러 연결선상의 모든 [Edge]를 선택합니다.

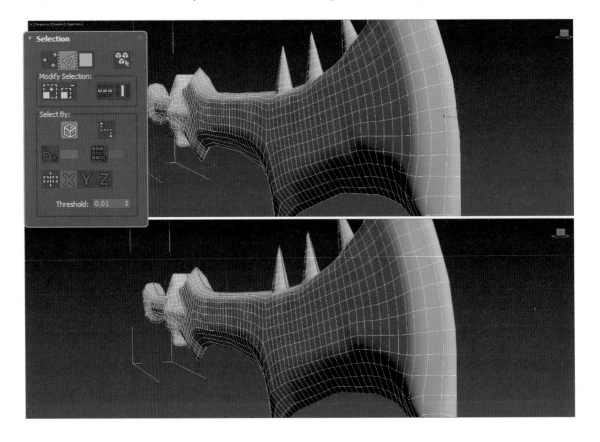

4 [Peel] 롤 아웃에서 [Convert Edge Selection To Seams] 버튼을 눌러 선택한 [Edge]를 [Seam]으로 만들어 주면, 파란색으로 바뀝니다.

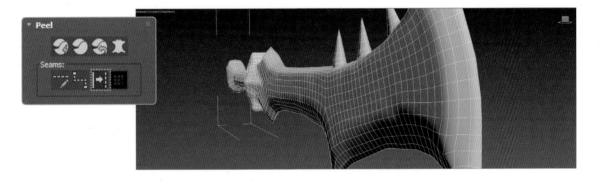

5 [Peel] 롤 아웃에서 [Edit Seams]로 손잡이 부분을 재단해 줍니다.

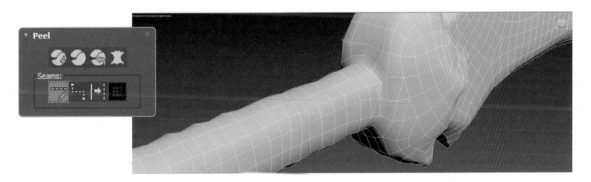

6 칼날 부분의 오브젝트가 너무 길어서 두 부분으로 나누겠습니다. 그림처럼 칼날의 중간 부분을 재단해 줍니다.

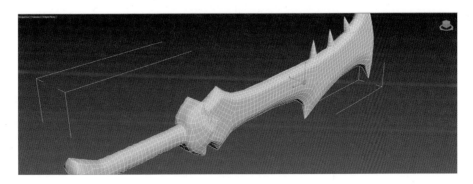

7 곡선 부분들이 잘 펼쳐지도록 재단해 줍니다.

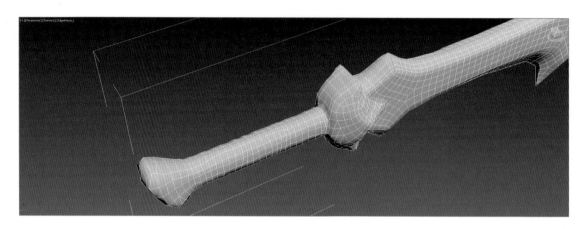

8 [Selection] 롤 아웃에서 [Polygon]을 선택하고 칼날의 아무 부분이나 선택합니다.

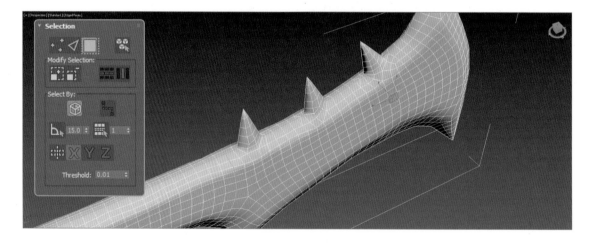

9 [Peel] 롤 아웃 → [Seams] → [Expand Polygon Selection To Seams] 버튼을 누르면 재단한 부분만 선택됩니다.

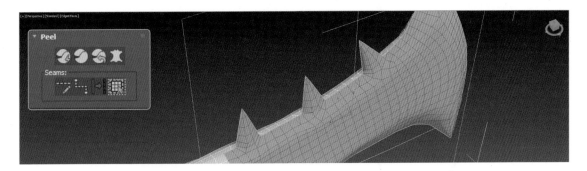

10 [Pelt Map] 버튼을 누릅니다.

11 [Edit UVWs] 창과 [Pelt Map] 창이 뜹니다.

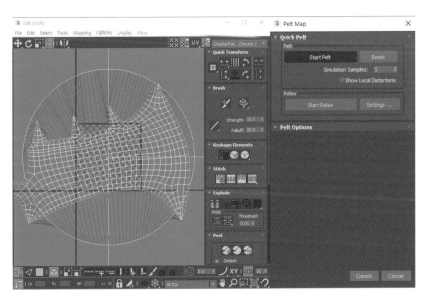

12 [Pelt Map] 창 → [Pelt] 메뉴 → [Start Pelt] 버튼을 누르면, 면들이 펼쳐집니다.

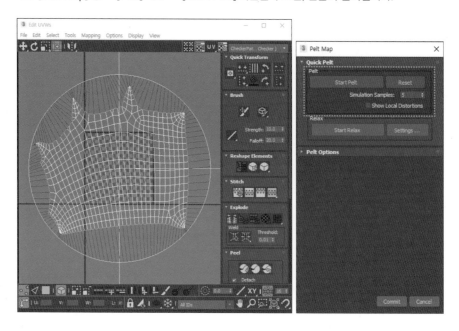

13 [Pelt Map] 창 → [Relax] → [Start Relax] 버튼을 눌러서 형태를 잡습니다. 더 이상 형태 변화
가 없으면 [Commit] 버튼을 눌러서 작업을 완료합니다.

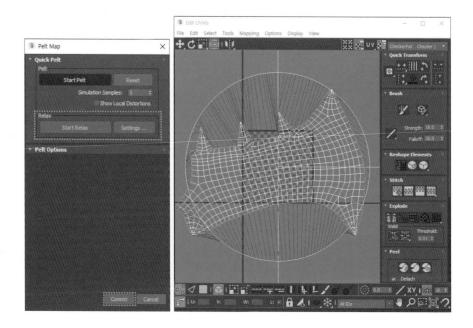

14 같은 방법으로 모든 면에 UV 작업을 해 줍니다.

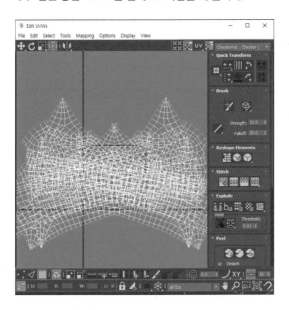

15 모든 폴리곤들을 드래그해서 선택하고 [Arrange Elements] 롤 아웃에서 [Rescale]과 [Rotate] 항목에 체크하고 [Padding] 값은 **0.001**로 줍니다. [Pack Normalize] 버튼을 누르면 체크 박스 안에 자동으로 정리해 줍니다.

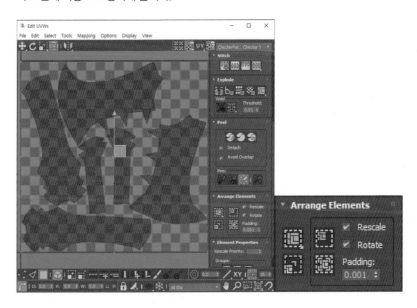

16 [Edit UVWs] 창 우측에서 [CheckerPattern (Checker)]로 바꾸어 주면 오브젝트에 체크맵이
적용됩니다. 모든 부분이 정사각형으로 균일하게 적용되면 제대로 UV 작업을 한 것 입니다. 이때
[Texture Checker (UV_Checker.png)] 부터 선택하고 [CheckerPattern (Checker)]를 선택해야 합
니다.

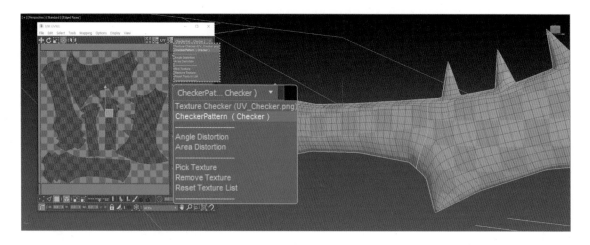

예제 파일: Chapter03
└ Section02
└ Sword_lowpolygon.FBX

17 실제 인게임에 쓰일 무기가 완성되었습니다. 메뉴바 → [File] → [Export] → [Export] 버튼을
눌러서 [FBX] 파일로 저장해 줍니다.

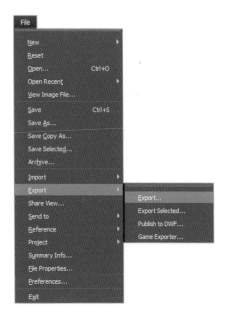

2.5 텍스처 제작(Substance Painter)

방어구와 마찬가지로 Substance Painter 프로그램으로 텍스처를 제작하겠습니다.

1 Substance Painter 프로그램을 실행합니다.

2 메뉴바에서 [File] → [New] 메뉴를 눌러 시작합니다.

3 [New project] 창에서 [Select Template...] 버튼을 클릭해 로우 폴리곤 데이터를 선택하고 [OK] 버튼을 누릅니다.

▸ 화면에 로우 폴리곤 데이터와 UV가 보입니다.

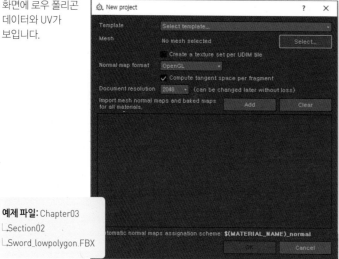

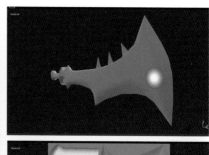

예제 파일: Chapter03
└Section02
└Sword_lowpolygon.FBX

4 다음으로 하이 폴리곤 데이터를 불러오겠습니다. [TexturesSet Settings] 패널에서 [Bake Textures] 버튼을 클릭해 [Baking] 창을 띄웁니다.

5 오른쪽 [High poly parameters] → [High Definition Meshers]에서 [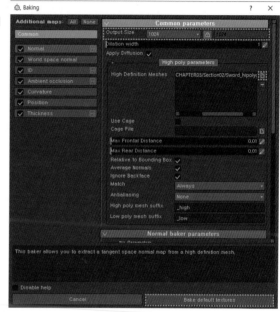] 버튼을 클릭해 하이 폴리곤 데이터를 선택합니다.

▶ 방어구의 [Output Size] 값을 **2048**로
했으니, 무기는 **1024**로 설정하고 나머지
옵션은 그대로 사용합니다.

예제 파일: Chapter03
  └,Section02
  └,Sword_hipolygon.FBX

6 [Bake default textures] 버튼을 클릭하면 텍스처를 추출하기 위해 필요한 계산을 하고, 로우 폴리곤 데이터와 UV가 노멀맵에 의해 하이 폴리곤처럼 보입니다. 그리고 [TexturesSet Settings] 창을 보면 각각의 이미지들이 추출된 것을 확인할 수 있습니다.

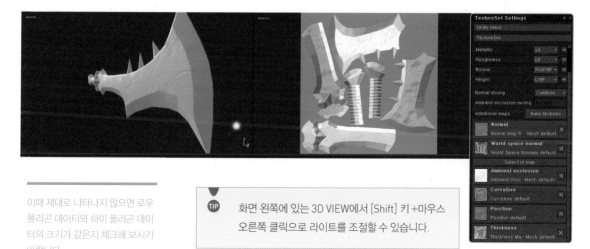

이때 제대로 나타나지 않으면 로우
폴리곤 데이터와 하이 폴리곤 데이
터의 크기가 같은지 체크해 보시기
바랍니다.

TIP 화면 왼쪽에 있는 3D VIEW에서 [Shift] 키 +마우스
오른쪽 클릭으로 라이트를 조절할 수 있습니다.

7 갑옷의 텍스처를 만들기 위해 [Shelf] → [Smart materials]에서 [Steel Dark Aged]를 선택해서 [Layers]에 드래그 앤 드롭합니다. 그러면 오브젝트에 재질이 적용됩니다.

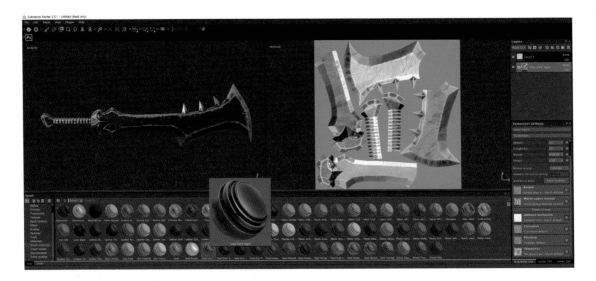

8 같은 방법으로 [Leatherette Damaged]도 [Layers]에 가져다 놓습니다. 포토샵 레이어 개념으로 [Steel Dark Aged]이 상위 레이어이며, 오브젝트는 여전히 [Steel Gun Mat] 재질만 적용되어 있습니다.

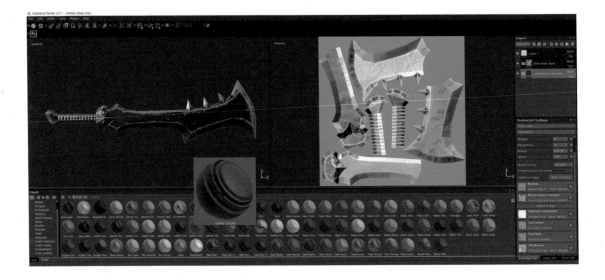

9 [Steel Dark Aged] 재질을 선택하고 마우스 오른쪽 버튼을 클릭하여 [Add white mask] 메뉴로 마스크를 추가합니다. 마스크는 흰색은 투과하지 않고 검은색만 투과합니다.

10 [Properties] → [Paint] 창에서 [Color]가 검은색인지 확인합니다. 위쪽 툴에서 [Symmetry] 버튼(◐◑)을 활성화하여 좌우 대칭을 적용해 주고 그림처럼 손잡이 부분을 채색해 줍니다. 마스크 레이어에 검은색이 칠해지면서 투과되어 Steel Dark Aged 레이어 아래에 있는 Leatherette Damaged 레이어가 보이게 됩니다.

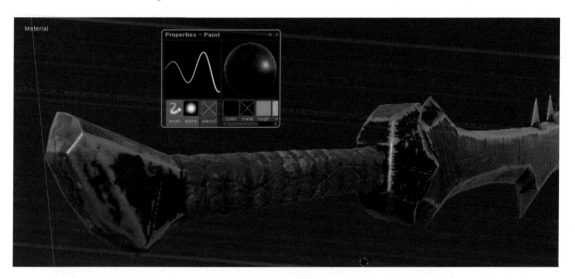

 [Alt] 키를 누른 상태로 마우스 왼쪽 버튼을 클릭하며 화면을 회전시킵니다.

[Alt] 키를 누른 상태로 마우스 오른쪽 버튼을 클릭하며 화면을 줌 인, 줌 아웃합니다.

[Alt] 키를 누른 상태로 마우스 휠을 클릭하며 화면을 팬시킵니다.

11 이제 텍스처들을 저장하겠습니다. 메뉴바에서 [File] → [Export Textures..] 메뉴를 선택합니다.

12 [Export document…] 창이 뜹니다. 저장 경로와 확장자를 정해 줍니다. 예시로 Targa 파일로 저장하였습니다. [Config] 필드에서 원하는 엔진을 정해 주고 [Export]를 하면 됩니다. 엔진별로 조금씩 텍스처가 다른 것을 알 수 있습니다. 여기서는 기본 설정으로 [Export]를 해 주었습니다.

13 추출된 텍스처들을 확인합니다. 파일 이름을 [Sword_]로 바꾸어 줍니다.

DefaultMaterial_Base_Color	DefaultMaterial_Height	DefaultMaterial_Metallic

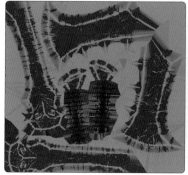  

▸ Base Color 텍스처는 기본색 정보만 가지고 있는 텍스처입니다.

▸ Height 텍스처는 표면에서 튀어나와 보이는 정도를 표현해 주는 텍스처입니다.

▸ Metallic 텍스처는 말그대로 금속성 여부를 표현해 주는 텍스처입니다.

DefaultMaterial_Mixed_AO	DefaultMaterial_Normal_OpenGL	DefaultMaterial_Roughness

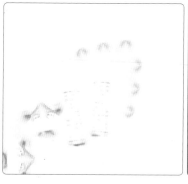  

▸ Mixed AO 텍스처는 음영을 표현한 텍스처입니다.

▸ Normal OpenGL텍스처는 Z축 개념을 가지는 텍스처입니다.

▸ Roughness 텍스처는 오브젝트 표면의 성질을 표현하는 텍스처입니다. 오브젝트의 표면이 얼마나 거친지 부드러운지를 표현합니다. 표면이 거칠수록 빛의 산란이 불규칙하고, 하이라이트가 약해집니다. 반대로 표면이 부드러우면 하이라이트가 강해집니다.

방어구와 마찬가지로 Substance Painter에서 텍스처들을 제작했습니다. 지금은 칼날과 손잡이 부분만 채색해서 텍스처들을 생성했지만, 좀 더 디테일하게 다양한 텍스처들로 작업해 보시기 바랍니다.

캐릭터를 게임 엔진으로 출력

이번 챕터에서는 챕터3에서 제작한 3D 캐릭터의 데이터를 게임 엔진에서 출력해 확인해 봅니다. 그래픽 뷰어인 마모셋 툴백과 게임 엔진인 언리얼, 유니티를 이용하여 결과물을 확인할 수 있습니다. 이제는 아티스트가 데이터 제작과 더불어 게임 엔진에 데이터를 적용도 할 수 있어야 합니다. 언리얼이나 유니티를 능숙하게 다루지는 못해도, 최소한 직접 만든 결과물을 확인할 수 있어야 합니다. 엔진에 적용하기가 어렵다면 마모셋 툴백을 이용하여 작업물이 엔진에서 어떻게 출력될지 확인하고 수정 작업을 해야 합니다.

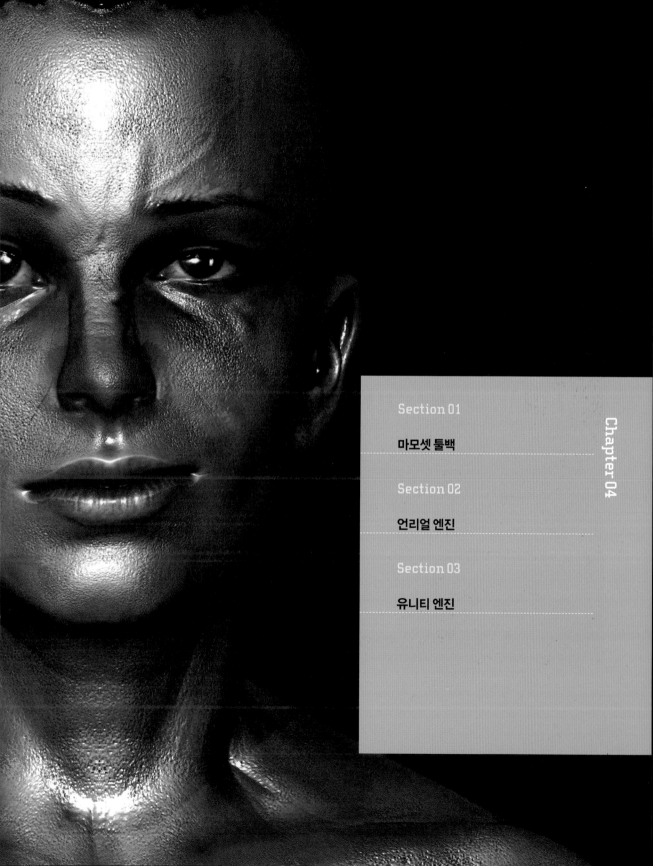

Section 01

마모셋 툴백

Section 02

언리얼 엔진

Section 03

유니티 엔진

Chapter 04

01

마모셋 툴백

마모셋 툴백은 상용 그래픽 뷰어 프로그램으로 엔진샷을 높은 품질로 보여 줍니다. 작업한 3D 데이터를 게임 엔진에 올리기 전에 렌더링해서 확인하기 좋은 방법입니다. 그래서 이번 섹션에서는 지금까지 작업한 3D 데이터를 마모셋 툴백에 올려 게임에서 어떻게 보일지 테스트해 보도록 하겠습니다.

마모셋 툴백은 http://www.marmoset.co/toolbag에서 구매하거나 30일 동안 무료로 사용할 수 있는 Trial 버전을 내려받을 수 있습니다.

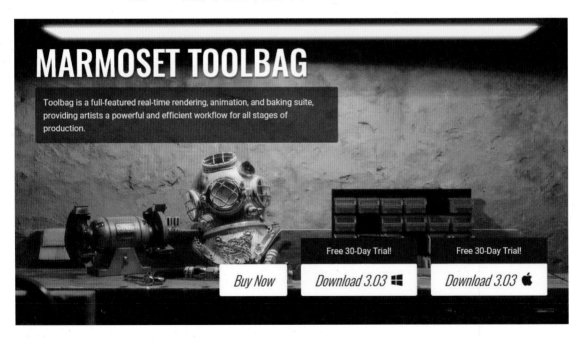

마모셋 툴백을 설치하고 실행해 봅니다. 여기서는 3.01 버전 기준으로 설명하겠습니다.

마모셋 툴백으로 확인하려는 캐릭터의 인체와 방어구, 무기 데이터는 FBX 파일로, 텍스처는 tga 파일로 정리했습니다.

예제 파일: Chapter04
└ Section01

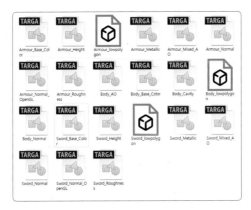

> **TIP** 3D 데이터는 FBX 파일 이외에도 OBJ 파일이나 3DS 파일로 저장해도 됩니다. 텍스처는 포토샵에서 사용하는 대부분의 포맷을 다 지원합니다.

인체

이제 마모셋 툴백에 3D 캐릭터의 인체 데이터를 불러오겠습니다.

1   메뉴바에서 [File] → [Import Model…]로 예제 파일로 내려받은 'Chapter04₩Section01' 폴더
에서 [Body_lowpolygon.FBX] 파일을 불러옵니다.

2   텍스처를 적용하겠습니다. 오른쪽 위 [Material] 메뉴에서 [01-Defult] 재질을 선택합니다.
[Albedo]에서 [Body_Base_Color.tga] 파일을 지정해 줍니다. 이렇게 하면 인체에 기본 색상이 적
용됩니다.

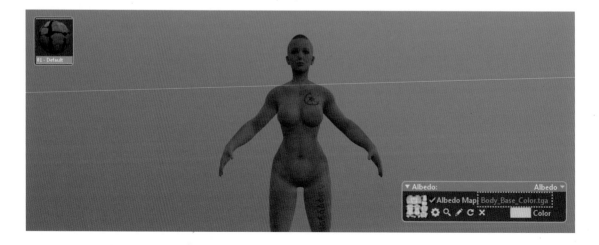

3 [Normal Map]에 [Body_Normal.tga] 파일을 지정해 줍니다. 이렇게 해서 노멀맵이 적용되었습니다.

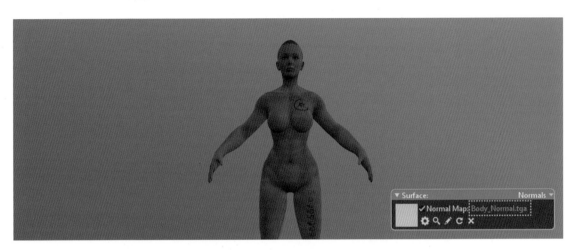

4 [Occlusion]에 [Body_AO.tga] 파일을, [Cavity Map]에 [Body_Cavity.tga] 파일을 각각 지정해 줍니다. [Occlusion]과 [Diffuse Cavity] 값을 적절히 조절해 줍니다.

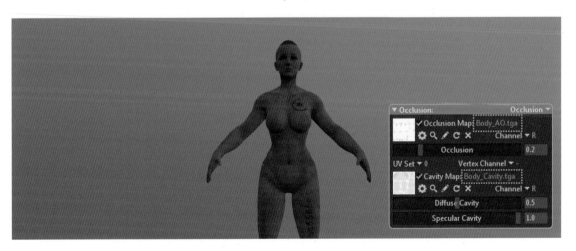

방어구 및 무기

계속해서 3D 캐릭터의 방어구 데이터도 불러오겠습니다.

1 메뉴바에서 [File] → [Import Model…]로 [Armour_lowpolygon.FBX] 파일을 불러옵니다. 우측 상단에서 [02−Default] 재질을 선택하고 [Albedo]에 [Armour_Base_Color.tga] 파일을 지정해 줍니다.

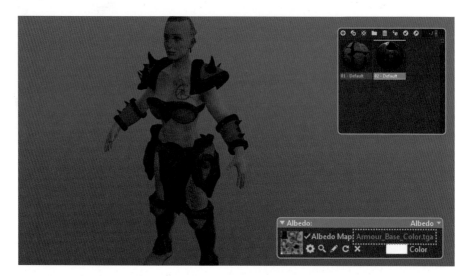

2 [Normal Map]에 [Armour_Normal_OpenGL.tga] 파일을 지정해 줍니다.

3 [Specular Map]과 [Gloss Map]에 [Armour_Metalic.tga] 파일을 지정해 주고 옵션을 조절하면서 마음에 드는 광택 효과를 찾습니다. [Gloss Map]에는 [Armour_Roughness.tga] 파일을 지정해도 됩니다.

4 [Occlusion Map]에 [Armour_Mixed_AO.tga] 파일을 지정합니다.

5 무기도 인체와 방어구에서 배운 방법으로 파일을 불러오고 텍스처를 지정해 줍니다. 왼쪽 패널의 [Transform] 롤 아웃에서 크기를 조절할 수 있으며, [무기] 오브젝트를 선택해서 위치를 조절할 수 있습니다.

6 라이트 세팅을 바꿔 보겠습니다. 왼쪽 위 [Secne]에서 [Sky]를 선택합니다

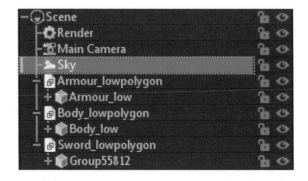

7 [Sky Light] → [Presets⋯] 버튼을 클릭하면 [마모셋 툴백 프리셋] 창이 뜹니다. 이 창에서 여러 가지 느낌의 라이트들이 세팅된 프리셋을 확인할 수 있습니다.

8 각 프리셋을 선택한 상태에서 좌측 [Sky Light] 롤 아웃의 옵션들을 조절하면서 마음에 드는 결과물을 만들어 보세요.

9 마음에 드는 프리셋과 옵션을 정하고 스틸샷으로 저장하겠습니다. 메뉴바에서 [Capture] → [Setting]로 설정창을 엽니다.

> **TIP** 다음 사이트에서 무료 HDRIS 파일을 내려받아 프리셋을 추가할 수 있습니다.
>
> **https://joost3d.com/hdris/**

10　크기와 샘플링, 파일 형식을 정하고 [OK] 버튼을 클릭합니다.

11　메뉴바에서 [Capture] → [Setting] → [Image&Open]을 선택해서 이미지로 저장합니다. 이 작업은 단축키 [F10]으로도 할 수 있습니다. 파일은 컴퓨터 바탕 화면에 저장됩니다.

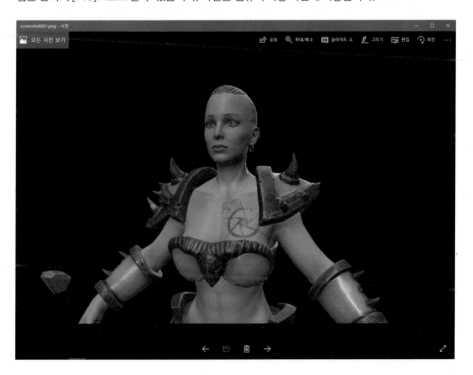

지금까지 간단하게 마모셋 툴백 사용 방법에 대해 알아보았습니다. 마모셋 툴백은 사용법이 간단하고 복잡한 라이트 세팅을 하지 않아도 프리셋 만으로 고퀄리티의 결과물을 만들 수 있어서 포트폴리오 제작에 많이 사용됩니다.

🔔 좌측 상단의 [Scene] → [Render] → [Scene]에서 [Wireframe]에 체크하면 와이어가 표시됩니다. 포트폴리오에 와이어 샷을 첨부할 때 유용합니다.

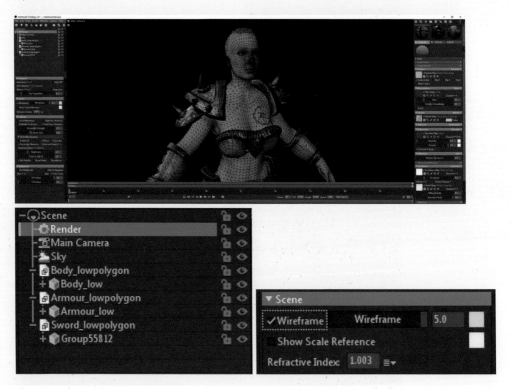

TIP 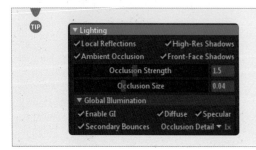 [Scene] → [Render] → [Lighting]에서 옵션을 모두 체크하면 좀 더 입체감 있게 보입니다. [Scene] → [Render] → [Global Illumination]에서 [Enable GI]를 체크하면 GI 느낌을 낼 수 있습니다.

언리얼 엔진

언리얼 엔진은 미국의 Epic Games사에서 개발한 3D 게임 엔진입니다. 1994년부터 지금까지 꾸준하게 성능이 개선되었고, 유니티 엔진과 더불어 가장 많이 사용되는 게임 엔진입니다.

언리얼 엔진은 https://www.unrealengine.com에서 내려받을 수 있습니다.

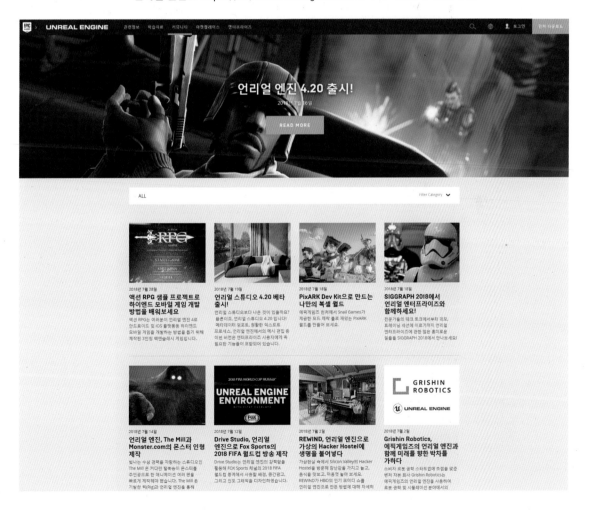

모델링 불러오기

1 언리얼 엔진을 설치한 후 [Epic Games Launcher]를 실행합니다. 왼쪽의 [학습] 탭을 클릭하면 언리얼 엔진에서 제공하는 데모 파일을 내려받을 수 있습니다. 스크롤을 아래로 내려서 [엘리멘탈 데모]를 내려받겠습니다. 오른쪽의 [프로젝트 생성] 버튼을 클릭해 프로젝트를 생성하고, 왼쪽의 [실행] 버튼을 클릭합니다.

2 [프로젝트 브라우저] 창에서 [프로젝트] → [Samples] → [엘리멘탈 데모]를 선택하고 [열기] 버튼을 클릭합니다.

3   언리얼 엔진이 실행되고 [엘리멘탈 데모 Scene]이 열립니다.

4   [콘텐츠 브라우저] 창에서 [임포트] 버튼을 누르고 예제 파일로 내려받은 'Chapter04₩
Section01' 폴더에서 캐릭터와 방어구를 정리한 [all.FBX] 파일과 [Armour_] 텍스처 파일들,
[Body_] 텍스처 파일들을 모두 선택합니다. 그런 다음 [FBX 임포트 옵션] 창에서 [모두 임포트] 버튼
을 클릭하면 3D 데이터들이 콘텐츠 창에 들어옵니다. 그리고 [01_-_Default]와 [02_-_Default] 재
질 슬롯이 만들어집니다.

5 콘텐츠 브라우저의 [all.FBX] 파일을 화면에 드래그합니다. 오른쪽의 [트랜스폼] 메뉴에서 [위치] → [Z] 값을 **0**으로 설정합니다. 그리고 [스케일]에서 [X], [Y], [Z] 값으로 **20**을 입력합니다.

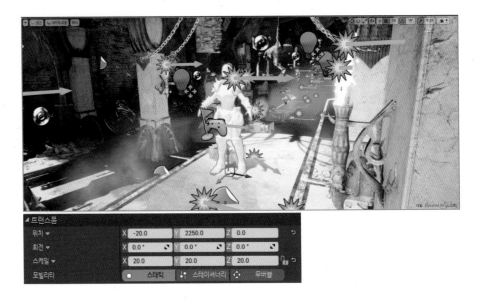

텍스처 지정

이제 3D 캐릭터에 텍스처를 지정해서 질감을 설정하겠습니다.

1 콘텐츠 브라우저의 [01_-_Default]를 더블클릭하면 [머티리얼] 창이 열립니다.

2 [베이스 컬러]에 연결되어 있는 텍스처를 선택하고 오른쪽 버튼을 클릭하여 [삭제] 메뉴로 지워줍니다. 콘텐츠 브라우저의 [Body_]텍스처들을 [머티리얼] 창 중앙에 드래그해서 맞는 재질에 연결하여 적용합니다.

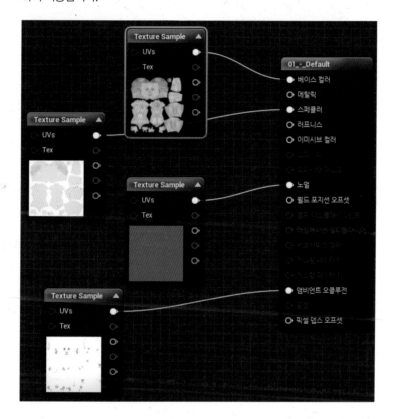

3 [머티리얼] 창 왼쪽 위의 메뉴바에서 [적용] 버튼을 클릭해서 텍스처를 오브젝트에 적용시킵니다.

4 콘텐츠 브라우저의 [02_-_Default] 역시 [머티리얼] 창에서 방어구에 대해 텍스처들을 지정하고 적용합니다.

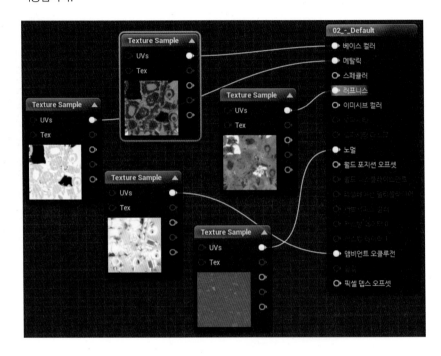

5 라이트가 너무 밝아 텍스처가 제대로 보이지 않습니다. 오브젝트를 동굴 안쪽으로 옮겨 결과물을 확인합니다.

6 원하는 오브젝트를 선택하려면 오른쪽 위의 [월드 아웃라이너] 창에서 해당 오브젝트를 더블클릭하면 됩니다.

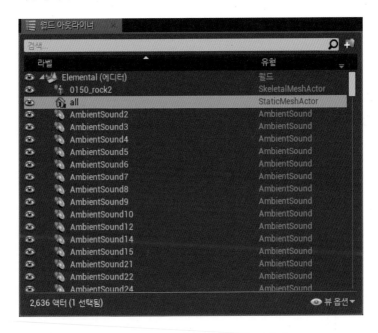

TIP 에픽 게임즈에서 하이엔드 액션 MOBA 게임 파라곤의 콘텐츠들을 무료로 공개했습니다. 다음 사이트에서 내려받을 수 있습니다.

https://www.unrealengine.com/marketplace/assets?lang=&q=Paragon

7 화면 상단 중앙에 있는 [플레이] 버튼을 누르면 [엘리멘탈 데모 Scene]을 볼 수 있습니다. 추가한
여전사 캐릭터 모습도 확인할 수 있습니다.

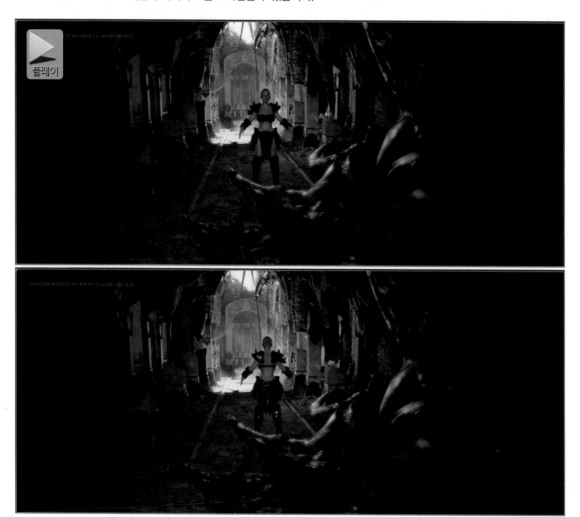

이 책의 특성상 엔진에 대한 자세한 설명은 생략했습니다. 자신이 제작한 캐릭터가 엔진에서 어떻게
구현되는지 확인하는 차원에서 언리얼 엔진의 [엘리멘탈 데모]에서 확인해 보았습니다.

같은 방법으로 다른 데모들에서도 캐릭터를 확인해 보시기 바랍니다.

SECTION

03

유니티 엔진

유니티 엔진은 Unity Technologies사가 개발하였으며, 언리얼 엔진과 더불어 가장 유명한 게임 엔진입니다. 유니티 엔진은 다양한 플랫폼을 지원한다는 장점이 있습니다. 유니티 엔진을 이용하면 개발자는 모바일 기기와 웹 브라우저, 데스크톱, 콘솔 등 어떤 기기에서든 원하는 형태의 게임을 쉽게 만들 수 있습니다. 개발 환경 자체도 입문자가 쉽게 이해할 수 있을 만큼 직관적이고 간단합니다. 유니티 애셋 스토어도 주요 성장 동력입니다. 유니티 애셋 스토어는 유니티 게임에서 활용할 수 있는 다양한 자료들이 모여 있는 공간으로 개발자는 유ㆍ무료로 사운드와 이미지, 캐릭터, 코드까지 가져다 사용할 수 있습니다. **유니티 엔진**은 https://unity3d.com/kr에서 무료로 내려받을 수 있습니다.

모델링 불러오기

1 유니티 엔진을 설치하고 실행합니다. [Projects] 창 우측 상단의 [New] 버튼을 눌러 [프로젝트명(Project Name)], [프로젝트 경로(Location)]를 지정하고 [Create Project] 버튼을 눌러 새로운 프로젝트를 시작합니다.

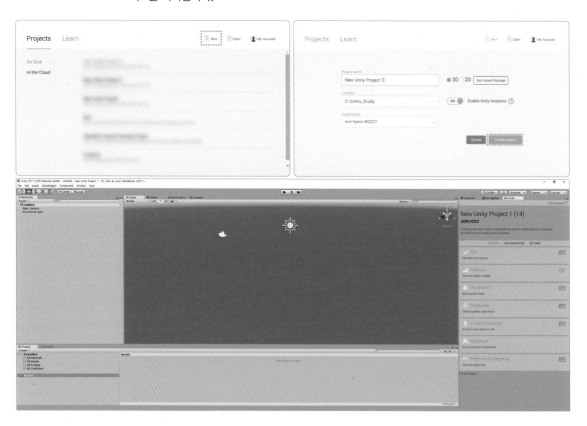

 유니티 엔진은 게임 제작 이외에도 다양한 콘텐츠 제작에 사용됩니다. 그 중 디자이너로서 가장 흥미로운 부분은 유니티 엔진만으로 영상 제작이 가능하다는 점입니다. 일반적인 영상 편집 프로그램들이 정해진 화면을 이어 붙이는 형태라면 유니티 엔진은 실시간으로 캐릭터를 추가하거나 카메라 앵글을 바꾸는 등 다양한 작업이 가능합니다. 또한 실시간 렌더링으로 많은 시간을 들여 렌더링한 결과에 못지않은 또는 더 좋은 결과를 얻을 수도 있습니다.

'디스트릭트9'으로 유명한 닐 블룸캠프 감독이 연출을 맡고 오츠 스튜디오가 제작한 'ADAM'이라는 단편영화(2017)는 오직 유니티 엔진만으로 제작되어 큰 이슈가 되었습니다. 아직 못 보신 분들은 꼭 찾아서 보시기 바라며, 유니티 홈페이지의 블로그에도 그와 관련된 정보들이 있으니 꼭 한 번 들러 보시기 바랍니다.

https://blogs.unity3d.com/kr/2017/01/04/adam-vfx-in-the-real-time-short-film/

2 [Assets] 창에서 오른쪽 버튼을 클릭하여 [Show in Explorer] 메뉴를 실행합니다.

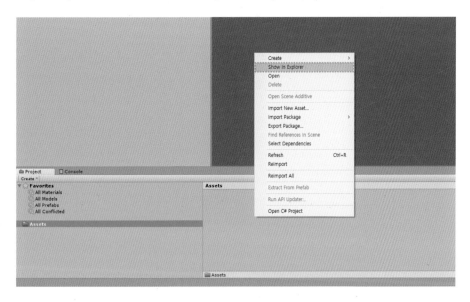

3 윈도우 탐색기가 실행됩니다. 예제 파일의 'Chapter04' 폴더에서 'Section01' 폴더를 유니티 설치 시 지정했던 프로젝트 경로의 'Assets' 폴더에 복사해서 넣어 줍니다. 그러면 유니티 엔진 [Asset] 창에서 'Section01' 폴더가 있는 것을 확인할 수 있습니다.

4 [Assets] 창의 'Section01' 폴더에서 [all.FBX] 파일을 [Scene] 창으로 드래그합니다.

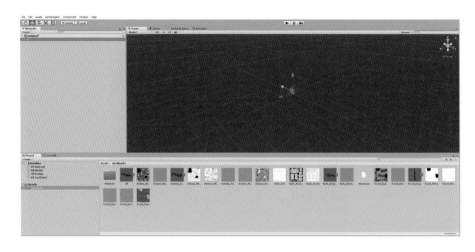

5 프로그램 화면 오른쪽 위 [Inspector] 탭의 [Transform] → [Position]에서 [x], [y], [z] 값을 모두 0으로 입력하고, [Scale]은 [x], [y], [z] 값을 모두 1로 설정합니다. 이렇게 하면 [Scene] 창에 3D 캐릭터가 제대로 보일 것입니다.

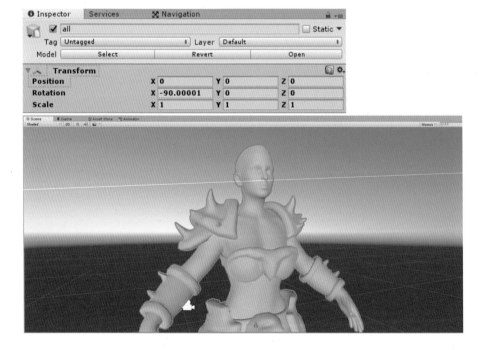

텍스처 지정

계속해서 3D 캐릭터에 텍스처를 지정하겠습니다. 오른쪽에 [01 – Default]와 [02 – Default] 두 개의
재질창이 보입니다. [01 – Default]는 인체이고, [02 – Default]는 방어구의 재질입니다. 방어구의 텍
스처부터 지정하겠습니다.

1 먼저 [02 – Default] 창에서 [Shader]를 [Standard(Roughness setup)]로 바꾸어 줍니다. 기본 색
상을 지정하겠습니다. [Albedo] 앞에 있는 [Select Texture 아이콘 ◎]을 클릭합니다.

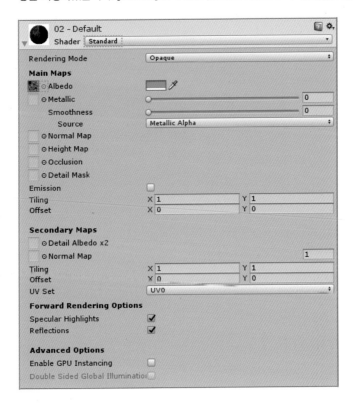

2 [Select Texture] 창에서 [Armour_Base_Color.tga] 파일을 선택합니다. 이렇게 해서 방어구에 기본 색상이 적용되었습니다. [Scene] 창에 텍스처가 적용된 것을 확인하도록 합니다.

3 나머지 [Metallic]과 [Roughness], [Normal Map], [Height Map], [Occlusion]도 같은 방법으로 각각의 텍스처를 지정해 줍니다.

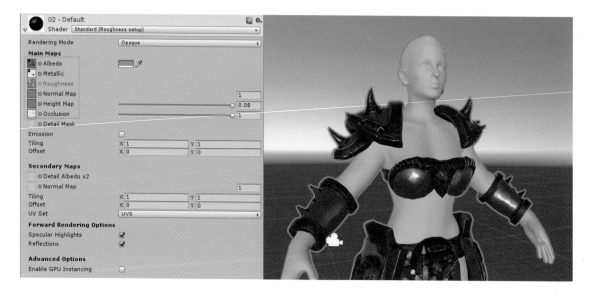

4 [01 – Default] 창에서 3D 캐릭터의 인체에도 같은 방법으로 텍스처를 지정합니다. 인체는 [Albedo], [Normal Map], [Occlusion] 텍스처만 있으므로 세 가지만 지정하고, [Roughness]는 값을 **0.8**로 조절해서 약간의 광택만을 줍니다.

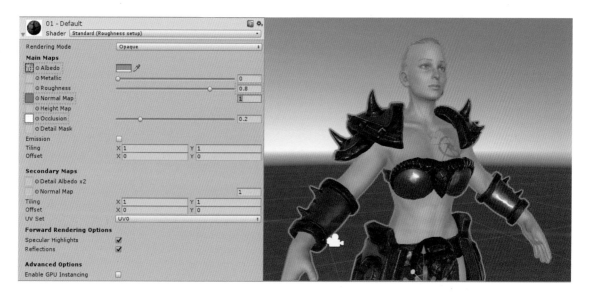

언리얼 엔진에서는 [데모 Scene]에 캐릭터를 불러와서 확인했는데 유니티 엔진에서는 기본 상태에서 캐릭터를 불러와서 재질을 적용하는 데까지 진행했습니다. 앞서 언급한 대로 이 책의 특성상 엔진에 대해 자세히 다루지 않았지만, 최소한 자신이 제작한 애셋은 엔진에서 확인해야 합니다.

이 책을 마치며……

처음엔 ZBrush 책으로 시작한 원고가 3ds Max와 Substance Painter 그리고 게임 엔진까지 다루게 되었습니다. 괜한 욕심을 부려 책 한 권에 방대한 내용을 담은 것 같아 조금 걱정이 앞섭니다. 하지만 하루가 다르게 발전하는 게임 제작 환경에서 게임 크리에이터를 꿈꾸며 지금 이 순간에도 노력하는 후배들에게 이 책이 조금이나마 지시등 같은 역할을 하길 바랍니다. 책에 담지 못한 내용은 유튜브 동영상 강의로 보완하여 뵙도록 하겠습니다.

ZBrush는 3ds Max에서 기본 데이터를 가져와 스컬핑만 하는 툴이 아닙니다. 실무에서는 다양한 방법으로 ZBrush를 사용하며, ZBrush가 조금씩 업그레이드되면서 이제는 3ds Max나 Maya를 대체할 정도로 ZBrush의 중요성이 커졌습니다.

최근 CG 공모전이나 기능대회에서 ZBrush의 IMM Brush를 사용한 작품은 문제가 있다고 탈락시킨 일이 있었습니다. 유료 브러시를 사용한 것도 아니고 ZBrush의 기본 브러시를 사용했다고 탈락시키는 것은 수많은 게임 크리에이터 꿈나무들의 사기를 떨어뜨리는 일입니다. 더욱이 그것이 정부가 주관하는 공모전이나 기능대회라면 우리나라의 CG, 게임 아트의 장래는 어두울 수밖에 없습니다.

국내뿐만 아니라 국외에서도 공모전에 단체 간 알력 싸움 등 여러 문제가 있긴 하지만, 가장 기본적으로 게임을 한 번도 만들어 보지 않은 사람이 심사위원으로 선정되어 평가하기 때문에 이러한 문제들이 생기는 것입니다. 주관 기관에서는 최소한 하나의 게임이라도 만들어 본 사람을 평가자로 선정해야 하며, 게임 분야와 관련이 없는 사람이 5년짜리 경력 증명서만 제출하고 평가자가 되었다는 사실을 부끄러워해야 합니다. 애니메이션 공모전에 전기 회사 사람이, 국회의원 비서가 나와 평가를 한다는 건 말이 안 되는 것을 떠나 안타까울 지경입니다.

그들만의 리그가 아닌 제대로 된 사람이 평가하고 제대로 된 사람이 가르쳐야 합니다. '세상에 모든 아이들은 잘못이 없다. 잘못은 어른이 하는 것이다.'라는 말이 있습니다. 어른으로서 부끄럽지 않았으면 합니다. 정말 안타까운 마음에 오래된 아티스트이자 교육자로서 지면을 빌려 쓴소리를 남겨 봅니다. 앞으로 점차 올바른 방향으로 바뀌는 대한민국이 되기를 바랍니다.

ZBrush에서 자주 사용하는 단축키와 키 조작

Smooth 브러시	[Shift] 키를 누르면서 브러시하면 Smooth 브러시가 됩니다. 울퉁불퉁한 면을 매끄럽게 다듬어 줍니다.	Shift +
브러시 효과 반전	[Alt] 키를 누르면서 브러시하면 브러시 효과가 반대로 됩니다. 부풀어 오르게 만드는 브러시는 반대로 움푹 파이게 조각합니다.	Alt +
마스킹	[Ctrl] 키를 누르면서 브러시하면 해당 부분이 마스크 처리됩니다. 브러시 효과와 변형을 막아 줍니다.	Ctrl +
마스크 지우기	[Ctrl] 키와 [Alt] 키를 동시에 누르면서 브러시하면 마스크가 지워집니다.	Ctrl + Alt +
화면 꽉 채우기	[F] 키를 누르면 3D 모델이 화면에 꽉 차서 표시됩니다.	F
Draw Size 변경	[S] 키를 누르면 Draw Size를 바꿀 수 있는 패널이 표시됩니다.	S
빠른 저장	파일을 10개까지 빠르게 저장할 수 있습니다. 파일의 수가 10개를 넘으면 덮어쓰기가 됩니다.	9
Save As	작업한 파일을 저장합니다.	Ctrl + S
작업 1회 되돌리기	[Ctrl] 키와 [Z] 키를 동시에 누르면 공정을 1회 취소하고 되돌아갑니다. 누른 횟수만큼 이전으로 돌아갑니다.	Ctrl + Z
와이어 표시	[Shift] 키와 [F] 키를 동시에 누르면 폴리곤을 확인할 수 있는 와이어(폴리곤 구성선)가 나타납니다.	Shift + F
모드 전환	각각의 모드로 바꿀 수 있습니다. [Gizmo 3D와 [ZSphere]를 사용할 때 아주 편리합니다.	Q W E R Draw Move Scale Rotate

[DynaMesh] 갱신 또는 마스크 해제(이 둘은 조작 방법이 같습니다.)

 ➡  ➡

▸ 먼저 [Ctrl] 키를 누릅니다.
▸ [Ctrl] 키를 누른 채 캔버스의 빈 공간에서 드래그합니다.

드래그를 시작한 후에는 [Ctrl] 키에서 손을 떼도 괜찮습니다.

▸ 적당한 거리에서 펜을 뗍니다.

커뮤니티 소개

ZBrush에 관한 다양한 정보를 얻을 수 있는 사이트를 소개합니다. ZBrush Central이라는 공식 사이트입니다. 영문 사이트지만 다양한 자료를 참고하기에 좋습니다.

http://www.zbrushcentral.com/

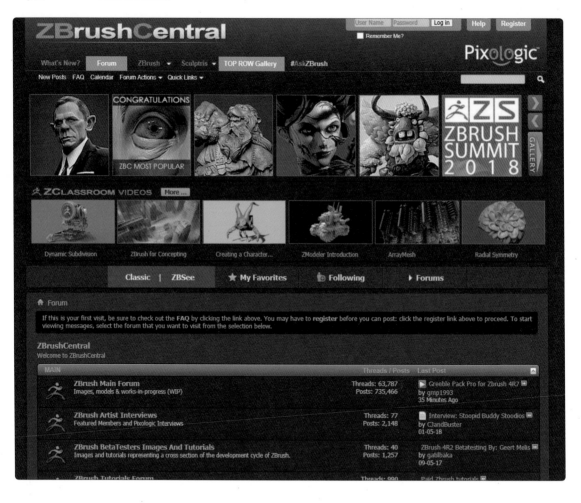

찾아보기

기호

3D/2D   224

로마자

A

Activate Symmetry 버튼   207
Adaptive Size 옵션   66
AO맵   102

B

Back   100
Bake default textures 버튼   249
Base Color 텍스처   222, 253

C

Clone   100
Contrast   100
Curves Strength   66

D

Delete   100
Decimation Master 기능   212
Draw Size   19
DynaMesh 갱신   142
DynaMesh 기능   42

Dynamic Persp 버튼   118

E

Expand Polygon Selection To Seams 버튼   243

F

Fade   100
FiberMesh 기능   70
Flip H   100
Flip V   100
Focal Shift   19
Front   100

G

Goz 플러그인   29
GroupVisible 버튼   205

H

Height 텍스처   222, 253
hide 기능   24
Hue   100

I

Intensity   100

L

Lazy Mouse 224
Loop 166

M

Material Picker 224
MergeDown 기능 197
Metallic 텍스처 222, 253
MicroMesh 기능 50
Mirror 버튼 146
Mixed AO 텍스처 222, 253

N

Normal Map 102
Normal OpenGL 텍스처 223, 253
Nudge 100

O

Opacity 100

P

Paint 99
Perspective View 224
Pin Spotlight 100
Polygon Fill 224
PolyPaint 기능 91
Project 기능 176
Projection 224

R

Restore 100
Rename 201
Ring 166
Rotate 99
Roughness 223, 253

S

Saturation 100
Scale 99
Seam 165
Smudge 100, 224
Spotlight 다이얼 99
Start Relax 버튼 171
Stroke 기능 18
Substance Painter 214
Subtool 데이터 추가 177
Symmetry 버튼 219

T

Target Polygons Count 66
Tile H 100
Tile Proportional 100
Tile Selected 100
Tile Unfied 100
Tile V 100
Topology 64, 163

U

UV 작업 83
Use Polypaint 버튼 161
UV Master 기능 85

W

Work On Clone 버튼 209

Z

Zadd 19
Z Intensity 19
ZRemesher 기능 64, 159
ZSphere 기능 58

한국어

ㄱ

그리드 21

ㄷ

디퓨즈맵 91, 180

ㅁ

마모셋 툴백 256
마스킹 해제 142
마스크 22
마스크 지우개 24
매핑 83

ㅂ

방어구 제작 194
브러시 21

ㅅ

스컬핑 15

ㅇ

알파맵 스컬핑 26
언리얼 엔진 267
오브젝트 15
오브젝트 병합 115
오브젝트 이동 20
오브젝트 확대축소 20
오브젝트 회전 20
유니티 엔진 275

ㅌ

텍스처 저장 221
텍스처 제작 214

ㅍ

파이프라인 108
프랍 33